JN112652

はじめて学ぶ

景品表示法

南　雅晴 編著

水上　啓 著

商事法務

●はしがき

　「法規」とは、抽象的な規範を定めるものであり、「法執行」とは、具体的な事実を条文に当てはめて、結論を出す作業である。これは、景品表示法に限らず、基本的にすべての法律に当てはまる。また、法律は、それぞれ目的を有しており、その目的を達成するための手段が規定されている。法執行の前提として、条文の意味内容の解釈が必要になる。この解釈の指針を示すものがその法律の目的規定である。客観的な証拠に基づき認定される事実に、正しい法解釈による条文を当てはめるという作業自体は、法律が変わっても共通である。このため、条文を使う際に押さえておくべきは、その法律の目的・趣旨の理解、いわばその法律が有する価値観の把握であると考えられる。ある法律を理解するためには、個別の条文の規定内容を覚えるよりも、まずその法律の目的・趣旨を理解することがその法律を理解するための出発点となると考えられる。

　筆者がこのような考えを持つに至った背景として、公正取引委員会で独占禁止法に基づく排除措置命令等取消訴訟の業務を経験してきたことがある。経験上、受任される裁判官のほとんどは、独占禁止法が初見であったように思われ、特に、独占禁止法は、経済活動の基本法などといわれ、専門性が高いなどといわれてきた。しかし、法律の専門家である裁判官の目から見れば、独占禁止法も数ある法律のうちの1つにすぎず、上記で述べたような客観的な証拠に基づき認定される事実に、法の趣旨に即した法解釈による法規を当てはめるという作業を行うことにより、請求棄却判決をしていただいたものだと認識している。そして、判決においてある条文の解釈についての規範を定立する際には、必ず法律の趣旨・目的が述べられ、それを踏まえた上で規範が定立される。

　景品表示法について、個別の条文の説明や個別事件の紹介がなされている教科書は数あれど、そもそも法の適用とは何かという点や、景品表示法の趣旨・目的を踏まえた条文の解説をしている教科書は、

あまり多くないのではないかと感じている。そこで、条文ごとの細かい文言の解説や過去の事例の紹介ではなく、はじめて景品表示法に触れる方が、そもそも法律を理解するに当たっての基本的な視点であるとか、景品表示法の趣旨・目的、価値観を理解いただけるような教科書を書けないかと思ったのが本書執筆に至った動機である。

　本書を執筆するに当たり、校正作業において、共同執筆者である消費者庁表示対策課の水上啓氏のほか、福田博介氏、今村政嗣氏、岡田雄介氏、江本直樹氏に多大なご協力をいただいた（所属は校正作業当時のもの）。ここに記して深く感謝を申し上げる。

　本書を刊行するに当たり、商事法務の岩佐智樹氏、辻有里香氏には、多大なご尽力をいただいた。ここに記して深く感謝申し上げる。

　本書が、景品表示法の趣旨・目的、その達成しようとする価値観を理解するための読者の一助になれば、幸いである。

　なお、本書の執筆内容は、執筆者それぞれの個人的責任によるものであることをあらかじめお断りしておく。

　令和 5 年 6 月

　　　　　　　　　　　　　　　　　　　　　　　　南　　雅晴

はじめて学ぶ景品表示法
Contents

● 執筆者等紹介

［編著者］

南　雅晴（みなみ・まさはる）

前消費者庁表示対策課長。1992 年早稲田大学法学部卒業、1993 年公正取引委員会事務局入局。審決訟務室長、課徴金減免管理官、消費者庁消費者制度課企画官、消費者庁表示対策課上席景品・表示調査官、公正取引委員会事務総局審判官、審査局訟務官、消費者庁表示対策課長等を経て、2023 年 7 月より公正取引委員会事務総局審査局犯則審査部第一特別審査長。

［著者］

水上　啓（みずかみ・あきら）

前消費者庁表示対策課課長補佐。2009 年一橋大学経済学部卒業、2016 年ミシガン大学大学院修了。2009 年公正取引委員会入局。官房国際課課長補佐、経済取引局調整課課長補佐、経済取引局総務課課長補佐、経済取引局取引部取引調査室長補佐、消費者庁表示対策課課長補佐等を経て、2023 年 7 月より公正取引委員会事務総局経済取引局総務課企画室長補佐（総括担当）。

第1章 概説

1-1 景品表示法の目的と意義

1 条文の解釈指針としての目的規定

　法律の条文は、基本的に「要件」と「効果」で構成されている。ある条文において規定されている「要件」に該当する事実があれば、その条文に規定されている「効果」が発生する。このように法規に事実を当てはめることが法適用ないしは法執行である。法執行の前提として、当てはめる条文の意味内容の解釈を行うことが必要となる。そして、この条文の解釈に当たっては、その法律の目的規定を踏まえることが重要である。特に条文には「著しい」「不当に」などの抽象的な要件が規定されている場合がある。日本語としては多義的な意味内容となるこれらの要件を、具体的事実を前提に当てはめをすることになるが、その適用に当たっては、一定の評価・価値判断が必要とされる。この場合の価値判断がその法律の目的・趣旨ということになる。2つの法律に日本語としては同じ用語が用いられていても、それぞれの法律の目的が異なれば、用語の解釈も異なってくることがある。法律の目的規定は、その法律が持つ価値判断を示すものとして、その法律の各条文の解釈指針となるものであることから、法執行に当たっては、その法律の目的規定を踏まえることが何より重要となる。

2 景品表示法の目的

　景品表示法は正式名称を「不当景品類及び不当表示防止法」といい、その目的は、「商品及び役務の取引に関連する不当な景品類及

び表示による顧客の誘引を防止するため、一般消費者による自主的かつ合理的な選択を阻害するおそれのある行為の制限及び禁止について定めることにより、一般消費者の利益を保護すること」（1条）である。「商品及び役務の取引に関連する不当な景品類及び表示による顧客の誘引を防止」するために（直接的な目的）、「一般消費者による自主的かつ合理的な選択を阻害するおそれのある行為の制限及び禁止」することについて定め（目的達成のための手段）、これによって、「一般消費者の利益を保護すること」を目的（究極目的）とする法律である。

「商品及び役務の取引に関連する」「顧客の誘引を防止」したいわけではない。あくまで「不当な」顧客誘引を防止するための法律である。

また、当然ながら「商品及び役務の取引」そのものを規制したいわけではない。防止すべきは、商品および役務の取引に関連する「不当な……顧客の誘引」行為である。

この点は、目的達成のための手段である違反行為があった場合にできる措置の内容にもかかわってくる。景品表示法は、事業者が不当表示を行うことを禁止している（5条）。不当表示がある場合、景品表示法を所管する内閣総理大臣は、その事業者に対し、措置命令（7条1項）をすることができる。しかし、措置命令は、あくまで不当表示を排除するために行われるものであって、商品・役務の供給そのものや事業者の事業活動そのものを規制できるものではない。比例原則から、手段は目的達成のために適合するもので、必要性のあるものである必要がある。「商品及び役務の取引に関連する不当な景品類及び表示による顧客の誘引を防止」する目的は、その「不当な」顧客誘引行為を排除することによって達成されるから、仮に「商品及び役務の取引」そのものを規制することになったら、目的との関係で過度（やりすぎ）であり、必要性がないとされることになる。

景品表示法は、公益を確保するための法律であって、個々の消費

者の権利利益を保護するものではない（最判昭和 53 年 3 月 14 日（昭和 49 年（行ツ）99 号）〔主婦連合会による審決取消請求事件〕）とされている。個別の消費者の直接の利益保護を念頭に置いたものではないということである。つまり、景品表示法は、一般消費者の利益という公益を確保するための行政法であり、私人間の紛争を解決するための法律ではない。

　この点は、違反行為の成立を基礎付ける事実に関係し、個別の消費者が実際に誤認したとの事実は、不当表示の成立に必要となる要件ではない。

　また、「一般消費者による自主的かつ合理的な選択を阻害するおそれのある行為」との解釈についても、個々の消費者が実際に誤認したとの事実は、不要である。優良誤認表示（5 条 1 号）でいえば、商品または役務の内容についての表示（著しく優良であると示す表示）と実際のものの間に乖離（当該表示と当該表示に対応する実際のものが異なる事実）があれば、それ自体が一般消費者に誤認を与えるものであるとされ、ひいては、それ自体一般消費者による自主的かつ合理的な選択を阻害するおそれのあるものとされる。一般消費者が商品または役務について、自主的かつ合理的な選択ができるためには、商品または役務についての表示が正しいことが前提になる。表示と実際のものに乖離がある、すなわち表示が正しくないこと自体が一般消費者の自主的かつ合理的な選択を阻害するおそれがあると評価され、実際に個々の消費者が誘引される事実の存在は、要件とはされていない（もっとも、不当表示によって実際に個々の消費者が誘引された事実があるのであれば、そのような事実は、一般消費者による自主的かつ合理的な選択を阻害するおそれがあるとの法的評価を補強的に実証する材料にはなる）。

　このように、実際のものよりも著しく優良であると示す表示等の存在が「一般消費者による自主的かつ合理的な選択を阻害するおそれのある」との要件を基礎付ける事実といえる。

3 「一般消費者による自主的かつ合理的な選択」を守る意義

　そもそも「一般消費者による自主的かつ合理的な選択」を守る意義ないしは必要性はどこにあるのだろうか。

　資源は有限である。時間も不可逆である。生活者としての消費者の立場でいえば、限りある予算の下、その時点で最も自分に効用をもたらす選択をすることが自らの利益にかなうことになる（結果的に効率的な資源配分ということにもなる）。そして、ある時点においてある選択をしたということは、その時点において採り得た別の選択肢を捨て去ることになる。仮に、その選択が結果的に間違っていたとしても、自主的かつ合理的な判断でした選択による結果であれば、自己責任ということになる。しかし、その選択が自らではどうしようもない間違った情報によってなされたとすればどうだろう。つまり、本来なすべきではない選択を、自らではどうしようもない間違った情報により選択してしまったら、ということである。その間違った情報がなければ、別の選択をしたかもしれないという点で、正しい選択をする機会を失ったことになる。時間は不可逆であるから、その時点における正しい選択をする機会はもはや取り返すことができない。正しい選択をする自由を奪われたといえるかもしれない。正しい選択をする機会を失ったという点に市場参加者としての国民である一般消費者の利益侵害が認められる。このため、「一般消費者による自主的かつ合理的な選択」を保護する必要性が認められるのであり、景品表示法の目的は重要であるとされるのである。

1-2　景品表示法の制定経緯・主な改正

1　制定・公正取引委員会所管時代

　景品表示法は、昭和37年に制定された。その契機として「ニセ牛缶事件」がある。昭和35年7月末、缶詰にハエが入っていたため、東京都衛生局が神奈川県衛生部と協力して調査を行った。その結果、ハエ混入の衛生上の問題とは別に一般に市販されている牛肉

の大和煮等と表示されている缶詰の大部分に馬肉や鯨肉が混入されていること、さらには、当時全国で 20 余社あった主な牛肉の缶詰メーカーのうち、牛肉を 100 ％使用していたのは、わずか 2 社にすぎないことが判明した。このニセ牛缶事件は社会問題化し、欺瞞的な表示に対して有効な規制を要請する世論の急速な高まりを受けて、景品表示法の制定に結びついたのである。景品表示法は、不当な景品類および不当表示による顧客の誘引を防止するため、私的独占の禁止及び公正取引の確保に関する法律（以下「独占禁止法」という）の手続の特例を定めることにより、公正な競争を確保し、もって一般消費者の利益を保護することを目的としていたため、独占禁止法を所管する公正取引委員会が所管していた。

　その後、昭和 47 年の景品表示法改正では都道府県知事も景品表示法に関する業務を担当することになった。

　また、平成 15 年には、合理的な根拠なく著しい優良性を示す不当表示の効果的な規制方法として不実証広告規制（現在の 7 条 2 項）の導入等を内容とする改正が行われた。

2　消費者庁への移管

　そして、平成 21 年 9 月に消費者行政の司令塔機能を果たすべく消費者庁が設置された。これに伴い、景品表示法は、消費者庁に移管されることになった。

　上記のとおり、移管前の景品表示法は、公正な競争を確保し、もって一般消費者の利益を保護することを目的としていた。移管後は、独占禁止法の手続の特例ではなくなり、目的規定においても「公正な競争を確保」するとの文言が削除され、「一般消費者による自主的かつ合理的な選択を阻害するおそれのある行為の制限及び禁止について定めることにより、一般消費者の利益を保護すること」を目的とする法律となった。

　不当表示により一般消費者の商品選択を誤らせることは、正しい表示をしている事業者の顧客を奪う結果となる。一般消費者が自主

的かつ合理的に商品または役務の選択を行えるようにすることは、とりもなおさず事業者間の公正な競争を確保することにもつながる。いわば、同一のコインを表（一般消費者側）から見るか、裏（事業者側）から見るかの違いであり、コインそのものに変わりはないのと同様である。このため、消費者庁移管前後において、景品表示法の実体規定の範囲に実質上の変更はないとされている。

消費者庁設置後の景品表示法において、国における法執行主体はそれまでの公正取引委員会から内閣総理大臣に変更された。実際の執行権限は33条1項に基づき消費者庁長官に委任されている。

ただし、事業者等が表示または景品類に関する事項につき自主的に設定する業界ルールである公正競争規約の認定は、公正取引委員会と内閣総理大臣の共同認定であり、法執行に必要な調査権限は、公正取引委員会に委任されているなど消費者庁移管後も、景品表示法は、公正取引委員会と一定のかかわりを持ち続けている。

3　消費者庁移管後

平成25年秋以降、ホテル等が提供する料理のメニュー表示を中心に表示と異なる食材が使用されていた事実が次々と明らかとなり、消費者の安全・安心が揺るがされる事態が発生した。このため、平成26年6月の景品表示法改正により、事業者は、不当表示等の発生を防止するために必要な体制の整備その他の必要な措置を講じなければならないとされるとともに、都道府県知事に措置命令権限および不実証広告規制権限が付与されたほか、事業所管大臣または金融庁長官に対して緊急かつ重点的に不当表示等に対処する必要がある場合などに調査権限を委任できることとなった。

さらに、平成26年11月の改正により、一定の不当表示に対する課徴金制度が導入された。

1-3 「事業者」

　景品表示法において規制される行為主体は、「事業者」である。事業者とは、「商業、工業、金融業その他の事業を行う者」とされている（2条1項）。独占禁止法の「事業者」（独禁法2条1項）と同じ文言である。前述のとおり、消費者庁移管前後において、景品表示法の実体規定の範囲に実質上の変更はないとされていることから、景品表示法の事業者については、独占禁止法の「事業者」と同じ解釈が妥当するとされる。

　独占禁止法の事業者について、判例（最判平成元年12月14日（昭和61年(オ)655号）〔都営芝浦と畜場事件〕）は、「独占禁止法2条1項は、事業者とは、商業、工業、金融業その他の事業を行う者をいうと規定しており、この事業はなんらかの経済的利益の供給に対応し反対給付を反覆継続して受ける経済活動を指し、その主体の法的性格は問うところではない」としている。独占禁止法は、カルテル・入札談合等の不当な取引制限（独禁法2条6項）、再販売価格維持行為などの不公正な取引方法（同条9項）といった競争制限・阻害行為という事実状態を規制する法律である。同様に、景品表示法は、不当顧客誘引行為という事実状態を規制する法律である（いわゆる取締法規である）。いずれも権利義務の帰属主体が前提となる法律行為（請求権や権利関係といった法律効果を発生させる法律要件）を規律するものではない。権利義務の主体となり得る法人かどうかなどの行為者の法的性格に着目するのではなく、前記事実状態をなし得る経済活動を行っている主体といえるかどうかの実態に着目するものだからである。

1-4 「自己の供給する商品又は役務」

　景品表示法の規制対象となる表示（2条4項）は、「事業者が自己

の供給する商品又は役務」の取引についての表示である。景品類（同条3項）とは、「事業者が自己の供給する商品又は役務」の取引に附随して提供する経済上の利益をいう。

「供給」とは、売買、請負等あらゆる契約形態を含む。また、事業者が消費者と直接取引することが要件とされるものではない。

例えば、ズボンの不当表示において、消費者にズボンを販売する小売業者のみならず、小売業者に当該ズボンを販売する輸入商社も「ズボンを供給する」ものであるとして、不当表示を行った事業者とされた事例がある（東京高判平成20年5月23日（平成19年（行ケ）5号）〔株式会社ベイクルーズによる審決取消請求事件〕）。

いわゆるフランチャイズシステム事業を行う者が食パンに原材料にバターおよびもち米粉を使用していなかったにもかかわらず、これらが使用されていたかのような不当表示を行ったとされた事例において、（「ファミリーマート」と称するコンビニエンスストアを運営するほか、「ファミリーマート」という統一的な商標等の下に、同社とフランチャイズ契約を締結する事業者に対し、特定の商標等を使用する権利を与えるとともに、加盟者によるコンビニエンスストアの経営について、統一的な方法により、統制、指導および援助を行い、これらの対価として加盟者から金銭を収受する事業等を営む事業者である）ファミリーマートは、食パンの製造販売業者に委託して製造させた本件3商品を、同社から供給を受け、本件直営店舗または本件フランチャイズ店舗において、一般消費者に供給している（消費者庁令和2年3月30日〔株式会社ファミリーマートに対する措置命令〕）として、消費者に直接商品を販売しない場合であっても、第三者を通じて当該商品を一般消費者に「供給」していると認定されている。なお、当該措置命令と同日に、食パンの製造販売業者である山崎製パンも同様の違反行為により措置命令を受けている。こちらも直接消費者と取引していないが、「山崎製パンは、ファミリーマートから委託を受けて製造した本件3商品を、北海道内に所在する『ファミリーマート』と称するコンビニエンスストアを通じて、一般消費者に供給し

ている」と認定されている（消費者庁令和2年3月30日〔山崎製パン株式会社に対する措置命令〕）。

　また、一定の商品を複数の事業者が共同して供給していると認定されることもある（消費者庁令和3年11月9日〔株式会社アクガレージ及びアシスト株式会社に対する措置命令〕）。

　現実の契約関係を踏まえるものの、景品表示法上の「供給」との概念は、「渡した」とか「引き取った」といった事実行為そのものではないし、必ずしも契約などの個々の法律行為そのものではない。不当な顧客誘引行為を防止するという法目的から、その問題のある不当顧客誘引を行っている主体は誰なのかという法的評価・法律判断によるものである。

COLUMN　事実と評価

　景品表示法には、「著しく」「不当に」といった抽象的な要件が規定されている。このような要件は、他法令にも多数規定されており、民法であれば、「正当な理由」（民法110条）「過失」（同法709条）などがある。このような規範的要件について、「私には過失があります」と当事者が述べたところで、「過失」があることにはならない。このような規範的要件を認定するためには、その根拠となる事実（評価根拠事実）が必要となる。訴訟においては原則として、規範的要件について立証責任を負っている当事者は、評価根拠事実を主張立証し、これを争う反対当事者は、評価を障害する事実（評価障害事実）を主張立証することになる。例えば、自動車事故によってけがをさせられ、治療費相当分の損害賠償を不法行為に基づき請求する場合であれば、加害者の「過失」（同条）について立証責任のある被害者は、加害者が運転中に信号無視をした事実やわき見運転をしていた事実といった具体的事実を、「過失」を基礎付ける評価根拠事実として主張立証する必要がある。

　法律は分かりにくいといわれることがある。法律の分かりにくさの要因の1つとして、この規範的要件の存在があるのかもしれない。しかし、現実に発生する様々な事象に対応するためには、条文はどうしても抽象的な要件を用いざるを得ない（景品表示法でいえば、「著しく」をなくしてしまったら、うぐいすの入っていない「うぐい

すパン」との表示も不当表示になってしまうかもしれない。かといって、うぐいすの入っていないうぐいすパンは規制しないなどと具体的に法律に規定していたら、きりがない）。もちろん、抽象的であるといっても、意味内容が無制限に解釈できるものではない。その法律の目的を達成するための手段なのだから、自ずと、その法律の趣旨・目的の範囲内という限定がある。この点からも法の趣旨・目的を踏まえることが重要になる。

　ただ、分かりにくいといっても、事実なしには、評価はあり得ない。評価根拠事実は、誰もが（常識的に見て）その規範的要件に結び付くと考える事実（法目的・趣旨からその評価が妥当であると考える事実）であるから、景品表示法でいえば、表示と実際が異なっていない限り、「実際のものよりも著しく優良」などと評価されることはない（なお、「誰もが（常識的に見て）」は、判決では、「社会通念上」「一般人を基準として」などと表現される）。

　もっとも、事実と評価は、法律だけの話ではなく、日常生活でもよくある話である。例えば、水が半分入ったコップを見て、「水が半分も入っている」と評価するか、「水が半分しか入っていない」と評価するかは、個人の持つ価値判断による評価の違いであろう。

　こんな場面もある。小さい子供が母親に新型ゲームをねだる場面である。子供は「ねえ、みんなも持っているんだから買ってよ」と母親に主張する。母親は「『みんな』って誰よ？」と質問する。「太郎君と次郎君と……」と子供はクラスメートの名前を答える。しかし、答えはそこで終わる。それ以上のクラスメートの名前は出てこない。子供はむなしく口をパクパクさせるだけである。「なーんだ、それじゃ『みんな』とはいえないじゃない」と母親は、結論付ける。かくして子供の新型ゲーム給付請求は理由なしとして棄却される。

　あるいは「親友」とか「幸せな結婚」などというのも評価であろう。「親友」であれば、たまに飲みに行って、最近見た映画や聴いた音楽の話をしたり、悩みや愚痴を聞きあったりするという当事者の事実関係から、当該当事者は「親友」であるとの評価が生まれるのだと思う。なんら評価根拠事実なく、「俺たち親友だろ。頼むよ」なんて近寄ってくる輩には気を付けた方がいいかもしれない。

　「真の恐怖とは人間が自らの想像力に対して抱く恐怖のことです」（村上春樹『かえるくん、東京を救う』（スイッチパブリッシング、2017年））といわれている、案外、我々は、評価根拠事実が希薄な評価に日々振り回されているのかもしれない。一度、その評価を

基礎付ける具体的事実は本当にあるのかどうか、目を向けてみるの
もいいかもしれない。

1-5 主な措置

　内閣総理大臣（前述のとおり33条1項により、政令で定めるものを
除き、景品表示法上の内閣総理大臣の権限は、消費者庁長官に委任され
ている）は、4条の規定による制限もしくは禁止（景品類の制限・禁
止）または5条に違反する行為（不当表示）があるときは、当該事
業者に対し、「その行為の差止め若しくはその行為が再び行われる
ことを防止するために必要な事項又はこれらの実施に関連する公示
その他必要な事項」を命じることができる（7条1項柱書。措置命令）。
措置命令は、行政処分である。

　措置命令は、都道府県知事も行うことができる（33条11項、景
品表示法施行令23条1項）。

　また、5条1号または2号に該当する不当表示を行った事業者に
対しては、一定の要件を満たす場合に対象商品または役務の一定の
売上額に3%の算定率を乗じて得た額の課徴金の納付を命じること
になる（8条1項）。課徴金は、違反行為抑止のための行政上の措置
である。課徴金納付命令の権限は、都道府県知事に委任されていな
い。

第2章 不当な表示

2-1 概説

景品表示法の不当表示規制は、次の3つに大別される。

① 商品または役務の品質、規格その他の内容についての不当表示（5条1号。以下「優良誤認表示」という）

② 商品または役務の価格その他の取引条件についての不当表示（5条2号。以下「有利誤認表示」という）

③ 商品または役務の取引に関する事項について一般消費者に誤認されるおそれがあると認められ内閣総理大臣が指定する表示（5条3号に基づき告示により定められる表示。以下「5条3号告示」という）

以下、①〜③に共通する要件についてみた上で、それぞれについて解説する。

2-2 共通要件

1 「表示」

2条4項は、表示について、以下のとおり定めている。

● 景品表示法2条4項

> この法律で「表示」とは、顧客を誘引するための手段として、事業者が自己の供給する商品又は役務の内容又は取引条件その他これ

らの取引に関する事項について行う広告その他の表示であつて、内閣総理大臣が指定するものをいう。

　これを受けて、「不当景品類及び不当表示防止法第2条の規定により景品類及び表示を指定する件」（昭和37年公正取引委員会告示第3号。以下「定義告示」という）2項は、表示について、次のとおり定める。

●定義告示2項

　法第2条第4項に規定する表示とは、顧客を誘引するための手段として、事業者が自己の供給する商品又は役務の取引に関する事項について行う広告その他の表示であつて、次に掲げるものをいう。
　一　商品、容器又は包装による広告その他の表示及びこれらに添付した物による広告その他の表示
　二　見本、チラシ、パンフレット、説明書面その他これらに類似する物による広告その他の表示（ダイレクトメール、ファクシミリ等によるものを含む。）及び口頭による広告その他の表示（電話によるものを含む。）
　三　ポスター、看板（プラカード及び建物又は電車、自動車等に記載されたものを含む。）、ネオン・サイン、アドバルーン、その他これらに類似する物による広告及び陳列物又は実演による広告
　四　新聞紙、雑誌その他の出版物、放送（有線電気通信設備又は拡声機による放送を含む。）、映写、演劇又は電光による広告
　五　情報処理の用に供する機器による広告その他の表示（インターネット、パソコン通信等によるものを含む。）

　具体的には、商品、容器または包装等による広告（定義告示1号）、見本、チラシ、パンフレット、ダイレクトメール、口頭による広告（同2号）、ポスター、看板（同3号）、新聞紙、雑誌等による広告（同4号）、インターネット等による広告（同5号）等ありとあらゆる表示が対象となる。
　もっとも、「事業者が自己の供給する商品又は役務の取引に関する事項について行う」表示であるから、事業者が行う表示であって

も、その事業者が供給する商品または役務についてのものと認められないものは、景品表示法上の表示とならない。例えば、お茶を供給していない新聞社が他事業者のお茶の広告を自社が発行する新聞紙に掲載しても、この広告は、景品表示法上は、その新聞社が行う表示とは判断されない。この場合、この広告は、「商品」であるそのお茶を供給する事業者の行う表示となる。新聞社が自社の発行する新聞紙について広告を行えば、それは新聞社の表示となる。

　また、「事業者が自己の供給する商品又は役務」について行う表示であることから、例えば、従業員募集広告や株主総会の招集の通知は、事業者が行う表示であっても、「自己の供給する商品又は役務」についての表示ではないことから、景品表示法上の「表示」には当たらない。

　定義告示2項柱書には「顧客を誘引するための手段として」との要件があるが、この要件は、事業者の主観によるのではなく、客観的に判断されることになる。事業者が自己の供給する商品または役務について行う表示であれば、その事実そのものから、通常、「顧客を誘引するための手段」であると認められることになる。

　なお、2条4項は「広告その他の表示」（であって、内閣総理大臣が指定するもの）と規定している。「広告」と「表示」に違いはあるのだろうか。事業者が顧客を誘引するため、自己の商品または役務を広く世間に告げ知らせるようなことを多くの人は「広告」と考えるだろう（「広告宣伝活動」、「広告制作会社」等）。「表示」とは何らかの事柄を外部へあらわし示すことであり、「広告」も当然に「表示」に該当する。一方で、商品に取り付けられたタグに記載された商品の品質、成分量等についての文言等は、何らかの事柄を他人に知らせるための手段ではあるものの、「広く世間に告げ知らせる」ための「広告」とはいえないとされるかもしれない。実際、企業の中でも、広告宣伝を担当する部門と、品質表示タグ等の作成担当部門は、異なる場合が多いだろう。しかし、「広告」であろうが商品のタグ等であろうが、そこに一般消費者に誤認を与える内容が含ま

れており、一般消費者の自主的かつ合理的な選択を阻害するおそれがあるのであれば、両者に差を設けるべき合理的な理由は見当たらない。「広告」は、もちろん積極的に顧客を誘引するために行うものであるが、「広告」ではない表示も一般消費者の商品選択の判断材料になり得るのであり、顧客誘引効果はあるからである。このように、景品表示法は一般的に「広告」と呼ばれるものだけでなく、事業者が商品または役務について行う何らかの事柄を他人に知らせるためのすべての手段を規制するため、「表示」を対象としている。結局のところ「広告その他の表示」と規定されているように、「広告」は「表示」の例示にすぎないことから、広告と表示の違いを議論する実益はない。

2 「表示をし」た事業者（表示主体）

⑴ 概説

　不当表示をしたとされる事業者とは、5条柱書における「表示をし」た事業者（5条柱書は、「事業者は……表示をしてはならない」（傍点：筆者）と規定している）である。

　この「表示をし」た事業者の解釈については、裁判例（前掲東京高判平成20年5月23日〔株式会社ベイクルーズによる審決取消請求事件〕）において、「商品を購入しようとする一般消費者にとっては、通常は、商品に付された表示という外形のみを信頼して情報を入手するしか方法はないのである」ことを前提に「表示内容の決定に関与した者」とされている。さらに、表示内容の決定に関与した事業者について、以下が含まれるとされている。

① 自らもしくは他の者と共同して積極的に表示の内容を決定した事業者
② 他の者の表示内容に関する説明に基づきその内容を定めた事業者
③ 他の事業者にその決定を委ねた事業者

②については、他の事業者が決定したあるいは決定する表示内容についてその事業者から説明を受けてこれを了承しその表示を自己の表示とすることを了承した事業者をいうとされている。

また、③については、自己が表示内容を決定することができるにもかかわらず他の事業者に表示内容の決定を任せた事業者をいうとされている。

いずれにせよ、その表示が「事業者の表示」といえるかどうかがポイントである。

(2) 具体例

例えば、ある菓子メーカーが製造販売する菓子のパッケージの表示について考える。小売業者がメーカー等から仕入れた菓子を自らの店舗に並べた場合、外形上は、その小売業者が「自己の供給する商品」である菓子についてのパッケージという「表示」を一般消費者が認識し得る状態においたという点で「表示をし」ているとも思える。しかし、通常、小売業者は、単に菓子を店舗に並べているだけであり、そのパッケージの「表示内容の決定に関与した」とはいえない。この場合、パッケージの表示をした者は、菓子のメーカーということになり、小売業者ではない。

しかし一方で、ズボンを販売する小売業者であるセレクトショップが卸売業者から、自社の小売店で販売されるズボンの表示についてその内容に関する説明を受け、それを了承し、卸売業者に下げ札等を作成させた場合にはそのセレクトショップがその下げ札等における表示内容の決定に関与したといえ、それを自社の小売店で販売し、その下げ札等による表示が不当表示とされる場合にはやはり、そのセレクトショップも不当表示の行為主体とされるのである。

商品・役務を供給する事業者が第三者に自らの商品・役務についての表示をさせる場合にも、その第三者の表示内容の決定に当該事業者が関与しているのであれば、その第三者の表示は、当該事業者がした表示と判断される。

例えば、第三者であるいわゆるアフィリエイターのアフィリエイ

トサイトにおける表示に不当表示があったとして措置命令を行った事例（消費者庁令和4年4月27日〔株式会社DYMに対する措置命令〕）では、「DYMは、本件役務……の提供に関し、ブログその他のウェブサイトの運営者（以下「アフィリエイター」という。）が当該ウェブサイトに当該アフィリエイター以外の者が供給する商品又は役務のバナー広告等を掲載し、一般消費者がバナー広告等を通じて広告主の商品又は役務を購入したり、購入の申込みを行ったりした場合など、あらかじめ定められた条件に従って、アフィリエイターに対して、広告主から成功報酬が支払われる『アフィリエイトプログラム』と称する広告手法を用いているところ、DYMは、アフィリエイトプログラムを実現するシステムをサービスとして提供する『アフィリエイトサービスプロバイダー』と称する事業者を通じて、……本件役務……に係る別表……『表示媒体』欄記載のアフィリエイトサイトの表示内容を自ら決定している」と認定している。

⑶　いわゆる「ステルスマーケティング」における表示主体

5条柱書における「表示をし」た事業者と判断される要件として、当該表示に当該事業者が明示されていることは必要ではない。すなわち、条文上は、事業者が「自己の供給する商品又は役務の取引について」行う「表示」であることが要件であって、その表示に当該事業者の名称や具体的な商品名が明示されていることが要件となるものではない。このため、表示上、事業者名や商品名がなくとも、その事業者が「自己の供給する商品又は役務の取引について」行う「表示」であると認められるのであれば、その表示は、当該事業者の表示となる。いわゆるステルスマーケティングと呼ばれるような表示、すなわち外形上は事業者とは別の第三者の表示のように見えるが、実際には事業者の表示であるものであれば、景品表示法の規制対象となり得る。しかし、景品表示法の不当表示が成立するためには、その表示が事業者の表示であることに加え、その表示の内容が5条各号で禁止される不当表示に該当することが必要である。したがって、いわゆるステルスマーケティングと呼ばれる表示が、優

良誤認・有利誤認、指定告示で指定される不当表示に該当しないのであれば、景品表示法により規制することはできなかった。

逆にステルスマーケティングと呼ばれる表示であっても、それが事業者の表示と認められ、かつ、その表示が優良誤認等に当たるのであれば、その事業者が不当表示を行ったと判断される。SNSによる表示（一般にその名義人は、当該アカウント保有者である）を事業者の表示であると認定して措置命令を行ったものとして、消費者庁令和3年11月9日〔株式会社アクガレージ及びアシスト株式会社に対する措置命令〕がある。この事件では、「アクガレージは、本件商品の販売に関し、別表1『表示箇所』欄記載のInstagram内のアカウントを保有する者に対し、同表『表示内容』欄記載の表示の内容をInstagram内に投稿するよう指示することなどにより、本件商品に係るInstagram内の表示内容を、アシストと共同して自ら決定している」と認定されている。

なお、いわゆるステルスマーケティングと呼ばれる表示であって、優良誤認・有利誤認、これまでの指定告示で指定される不当表示に該当しない場合、すなわち、広告主体を偽る表示自体を規制するために、令和5年3月28日、「一般消費者が事業者の表示であることを判別することが困難である表示」が5条3号の規定に基づく告示として制定された（後記2-6の7参照）。

(4)　まとめ

社会的分業体制が確立した現代社会において、企業が自社の広告作成業務のすべてを自ら直接行うことはむしろ考えにくい。一般的には、広告代理店等に委託するものと思われる。また、企業が広告媒体そのものを直接保有して、直接表示する場合も少ないと思われる。通常は、広告媒体社が提供する様々な表示媒体を利用することがほとんどであろう。

このような社会的実態がある中において、ある表示について「表示内容の決定に関与した者」かどうかは、景品表示法の趣旨・目的を踏まえ、当該表示をした者と評価されるにふさわしい実態がある

かどうかによって判断されるものと解される。

　この点、表示をした者の判断に関して「不当景品表示法の立法趣旨並びに条文の内容及び趣旨からすると、不当表示をした事業者とは、公正な競争を確保し、一般消費者の利益を保護する観点から、メーカー、卸売業者、小売事業者等いかなる生産・流通段階にある事業者かを問わず、一般消費者に伝達された表示内容を主体的に決定した事業者はもとより、当該表示内容を認識・認容し、自己の表示として使用することによって利益を得る事業者も、表示内容を間接的に決定した者として、これに含まれると解するのが相当である」とする裁判例（東京高判平成19年10月12日（平成19年（行ケ）4号）〔株式会社ビームスによる審決取消請求事件〕）がある。

　不当表示によって一般消費者の利益が侵害される。一般消費者の利益の反対利益として、事業者には、不当表示によって不当に顧客を誘引したことで得られる利益が生じる。上記の判示は、景品表示法の目的を踏まえ、当該表示をした者と評価されるにふさわしい実態があるかどうか、その不当表示によって一般消費者の利益を犠牲にして不当な利益を得る事業者は誰なのか、によって判断するとの考え方に立っているものと思われる。

　また、不当表示は何のために認定するかというと、それを排除するための措置命令を行うために認定するものである。このような視点から、「景表法5条は、事業者が、自己の供給する商品の取引について、同条1号ないし3号に該当する不当な表示を行ったときは、同法7条1項により、当該事業者に対し、その行為の差止め、その行為が再び行われることを防止するために必要な事項を命ずるなどのいわゆる『措置命令』を発することができるとしており、そうすると、景表法5条にいう不当な表示をした事業者とは、不当な表示内容を決定した事業者をいうもの、すなわち、措置命令を受けたときに、その不当とされる表示内容を使うことを止める決定をしたり、再び同様なことを行うことを防止するために必要な事項を決定したりすることができる権限を有する事業者でなければならないことに

なる」と判示する裁判例もある（東京高判令和 2 年 12 月 3 日（令和元年（行コ）330 号）〔アマゾンジャパン合同会社による措置命令取消請求事件〕）。

3 「著しく」

　表示と実際のものに乖離があったとしても、それらが直ちに不当表示とされるものではない。景品表示法の目的が「不当な……顧客の誘引」行為の防止のために、「一般消費者による自主的かつ合理的な選択を阻害するおそれのある行為の制限及び禁止」であることから、たとえ表示と実際のものに乖離があったとしても「不当な……顧客の誘引」に当たらず、「一般消費者による自主的かつ合理的な選択を阻害するおそれ」がないものは、法目的から、規制する必要がないからである。

　そのため、不当表示に該当するのは、優良誤認であれば、実際のものよりも「著しく」優良である表示、有利誤認であれば、実際のものよりも「著しく」有利である表示である。

　この点、優良誤認の「著しく優良であると一般消費者に誤認される」の解釈として、「およそ広告であって自己の商品等について大なり小なり賛辞を語らないものはほとんどなく、広告にある程度の誇張・誇大が含まれることはやむを得ないと社会一般に受け止められていて、一般消費者の側も商品選択の上でそのことを考慮に入れているが、その誇張・誇大の程度が一般に許容されている限度を超え、一般消費者に誤認を与える程度に至ると、不当に顧客を誘引し、公正な競争を阻害するおそれが生ずる。そこで、景品表示法 4 条 1 号（筆者注：現在の 5 条 1 号）は、『著しく優良であると一般消費者に誤認されるため、不当に顧客を誘引し、公正な競争を阻害するおそれがあると認められる表示』を禁止したもので、ここにいう『著しく』とは、誇張・誇大の程度が社会一般に許容されている程度を超えていることを指しているものであり、誇張・誇大が社会一般に許容される程度を超えるものであるかどうかは、当該表示を誤認し

て顧客が誘引されるかどうかで判断され、その誤認がなければ顧客が誘引されることは通常ないであろうと認められる程度に達する誇大表示であれば『著しく優良であると一般消費者に誤認される』表示に当たると解される。そして、当該表示を誤認して顧客が誘引されるかどうかは、商品の性質、一般消費者の知識水準、取引の実態、表示の方法、表示の対象となる内容などにより判断される」とした裁判例（東京高判平成14年6月7日（平成13年（行ケ）454号）〔更生会社株式会社カンキョー管財人大澤誠による審決取消請求事件〕）がある。

　表示と実際のものに形式的に乖離があったとしても、そもそも広告なのだから、ある程度の誇張・誇大が含まれることを一般消費者も商品選択の上でそれを考慮に入れており、それが「社会一般に許容されている程度を超えて」いなければ、景品表示法の趣旨・目的からは、「不当な……顧客の誘引」に当たらず、規制する必要はないということである。そして、「社会一般」とは、社会通念ないしは社会観念と同義であると解され、より平たくいえば社会常識によるということである。これを踏まえると「社会一般」とは、常識的な一般人を前提とすると解されることから、「社会一般に許容されている程度」か否かの「著しく」の評価において、「一般消費者」に誤認されるかどうかの評価も含んでいることになる。このことからも、商品または役務の内容について著しく優良であると示す表示と実際のものの間に乖離があれば、それ自体一般消費者に誤認を与えるものと評価されることになる。常識的に考えて、その表示についての誤認、すなわち表示された事項と実際のものが異なっていることを一般消費者があらかじめ知っていたら、誘引されることはなかったであろうと判断される程度に誇張・誇大な表示である場合に「著しく」とされるのだから、逆にいえば、表示された事項と実際のものに乖離があったとしても、その乖離を顧客があらかじめ知っていたとしても、その商品または役務の顧客誘引面に何ら影響を及ばさないと判断される場合には、「著しく」とは評価されないとい

うことである。

　そして、前掲東京高判平成14年6月7日〔更生会社株式会社カ
ンキョー管財人大澤誠による審決取消請求事件〕において「当該表
示を誤認して顧客が誘引されるかどうかは、商品の性質、一般消費
者の知識水準、取引の実態、表示の方法、表示の対象となる内容な
どにより判断される」とされているように、「当該表示を誤認して
顧客が誘引される」か否かの判断は、個別事件ごとになされる。す
なわち、個別事件において問題となった商品またはサービスを購
入・利用することが想定される「一般消費者」を前提に同判決（東
京高判平成14年6月7日〔更生会社株式会社カンキョー管財人大澤誠に
よる審決取消請求事件〕）が挙げる要素などから判断することになる。
商品や役務のうちには、それを利用する者の範囲が限られているも
のがあるが、その場合には、その需要者グループが「一般消費者」
（例えば、高齢者向けの商品または役務であれば、一般的な高齢者がその
商品または役務の「一般消費者」となる）である。そのグループに属
する者が通常誤認を生ずると認められることが必要であり、またそ
れで十分なのである。

　例えば、たばこの先端に粉末状の商品を付けるだけで「たばこの
煙に含まれるニコチンをビタミンに変える」との表示があった場合、
その表示が「著しく優良であると示し」ている表示かどうかを判断
するに当たって、想定される「一般消費者」は、「本件商品の需要
者と考えられる喫煙者である一般消費者」となる（東京高判平成22
年10月29日（平成21年（行ケ）44号）〔株式会社オーシロによる審決
取消請求事件〕）。

　また、不当表示とは、一般消費者に誤認を与える表示であり、誤
認とは、一般消費者が表示から受ける認識と、その認識に対応する
実際のものとの間に乖離があることである。同判決は「著しく優良
であると示」す表示か否かの判断に当たっては、表示上の特定の文
章、図表、写真等から一般消費者が受ける印象・認識ではなく、表
示内容全体から一般消費者が受ける印象・判断が基準となるとする。

表示も事業者の事業活動の1つであり、表示をするかどうか、どのような表示をするかどうかは、原則として事業者の自由であるところ、あくまで、景品表示法は、個別事案ごとに不当に顧客を誘引するものを規制するものであり、「不当に顧客を誘引するかどうか」は、表示上の特定の文章、図表、写真等ではなく、表示内容全体からの判断が必要になる。

　この点に関して、例えば、表示内容全体から、「飲むだけで痩せる」との認識を一般消費者に与える表示のうちに、「※体験談は、個人の見解です」、「効果を保証するものではありません」などといわゆる「打消し表示」と呼ばれる記載がなされることがある。しかし、例えば、「個人の見解」だと表示されても、一般消費者は、むしろ「この人に効果があるのであれば、私にもある」と思うだろうし、「効果を保証しない」といわれても、一般消費者は「効果が得られない場合もあるのかもしれないが、これだけ効果があると強調しているのだから、やはり、効果はあるのだろう」と思うだろう（仮に、効果がないのであれば、そもそも表示内容全体から効果があるかのように一般消費者に認識される表示をすべきではない）。したがって、表示内容全体から、「飲むだけで痩せる」との認識を一般消費者に与える表示である以上、これらの記載は、そのような一般消費者の認識に影響を与えるものではない。

　なお、実際のものよりも著しく優良・有利であると一般消費者に誤認されるとの要件を基礎付ける事実について、措置命令書では、「あたかも、α であるかのように示す表示をしていた。実際は、β であった」と法的に評価された事実の記載がなされるのが通例である。

COLUMN　表示とコミュニケーション
　「著しく優良であると示」す表示か否かの判断に当たっては、表示上の特定の文章、図表、写真等から一般消費者が受ける印象・認識ではなく、表示内容全体から一般消費者が受ける印象・判断が基準

となる。実は、この点は、我々の日々のコミュニケーションにおいても同じである。すなわち、我々は、他者とのコミュニケーションを文字情報だけでなく、顔の表情、手振り身振りといったビジュアルや、声のトーンといった音声などを用いて全体的に行っている。このため、文字情報だけだと相手に対して否定的な意味内容であっても、全体的に見たコミュニケーションとしては、友好的な内容である場合もする（例：「バカ」との用語は一般的に相手に否定的評価を与えるものであるが、会社の上司から「お前はバカか」といわれた場合と、仲のいい友人から「あんたバカァ？」といわれた場合とでは、受け手の認識は大きく異なるであろう）。文字情報だけだと真意が伝わらないこともある（例：仕事においてメールのやり取りだけだと言葉尻をとらえられてやり取りがだんだん険悪になることもある）。

　結局、事業者が自己の供給する商品・役務について行う表示も、事業者と顧客との間のコミュニケーションであるといえる。

4　「不当に顧客を誘引し、一般消費者による自主的かつ合理的な選択を阻害するおそれがあると認められるもの」

　優良誤認表示、有利誤認表示に共通の要件として、「不当に顧客を誘引し、一般消費者による自主的かつ合理的な選択を阻害するおそれがあると認められるもの」がある。景品表示法の目的規定（1条）にあるのと同様の要件である。商品または役務を一般消費者が自主的かつ合理的に選択するためには、商品または役務の内容・取引条件についての表示が実際のものと乖離していないことが前提となる。商品または役務の内容・取引条件について一般消費者に誤認される表示を行って誘引するのであれば、それは「不当に顧客を誘引」するものであり、「一般消費者による自主的かつ合理的な選択を阻害するおそれ」が認められるものである。5条1号・2号のこの部分は、一般消費者に誤認される表示であれば、これらの要件を満たすものであることを確認的に規定しているものである。

　この点、裁判例でも、「このような誤認が生じた場合には一般消

費者は商品の購入に係る自主的かつ合理的な選択を妨げられるものといえるから、本件各表示は、景品表示法4条1項1号（筆者注：現在の5条1号）に規定する『不当に顧客を誘引し、一般消費者による自主的かつ合理的な選択を阻害するおそれ』があるものと認めるのが相当である」としているものがある（東京地判平成29年6月27日（平成28年（行ウ）135号）〔株式会社村田園による措置命令取消請求事件〕）。

　これは、一般消費者による自主的かつ合理的な選択が確保されるためには、表示が正しいものであることが前提になっているからである。商品または役務の内容・取引条件についての表示が実際のものと乖離しているにもかかわらず（いわば表示が正しくないにもかかわらず）、一般消費者が商品または役務を自主的かつ合理的に選択できる事態は、想定しがたいし、そもそも両立しないものと思われる。仮に、そのような事態があり得るとすれば、表示と実際のものに乖離があるとしても、当該表示がそもそも一般消費者の商品選択に影響を与えない、実際のものよりも著しく優良であると示すものとは認められない場合、すなわち、そもそも一般消費者に対して誤認を与えないような場合であると解される。

2-3　優良誤認表示

●事例

> 　社会人のAは、ダッフルコートを購入するため、衣料品販売事業者Xが運営する店舗「XX」に出向いた。ダッフルコートは着こなしを誤ると学生みたいに見えるところもあるので、高級なものがよかろうと、数ある商品の中で「カシミヤ20％混」と表示されているものを購入した。
> 　しかし、実際には、そのダッフルコートのカシミヤ混合率は0％であった。

1 概説

　優良誤認表示（5条1号）とは、商品または役務の品質、規格その他の内容について、①一般消費者に対し、実際のものよりも著しく優良であると示す表示、②一般消費者に対し、事実に相違して当該事業者と同種もしくは類似の商品もしくは役務を供給している他の事業者に係るものよりも著しく優良であると示す表示である。

　①は、商品または役務の内容について、実際のものよりもものすごくよいものであると誤認させる表示である。

　②は、「競争事業者」の供給する商品または役務よりも自社のものがものすごくよいものであると表示しているが、実際にはそうではないというものである。こちらは、他社との比較広告である。

　あらゆる資源は、有限である（そもそも我々の命が有限である）。一般消費者にしてみれば、時間、お金、空間が有限な中で、同じ資源を投入するのであれば、自らにとってその瞬間最大の満足が得られるよう、できるだけ品質のよい商品または役務を選択することになる。おいしいラーメン屋に行列ができるのは、そのためである。一般消費者が正しい選択をするためには、表示された内容と実際の内容が一致している必要がある。しかし、ここまで述べてきたとおり、表示された内容と、実際の内容が異なっていたら、一般消費者の選択は歪められることになる。このため、商品の内容についての不当表示である優良誤認を規制する必要がある。

2 「商品又は役務の品質、規格その他の内容」

　商品または役務の内容に関するものであれば、幅広く対象となり得る。「品質、規格その他の内容」であるので、品質、規格は、「内容」の例示である。優良誤認表示全体の要件でいえば、「実際のものよりも著しく優良である」（ものすごくよいものである）との評価に結び付く商品または役務の内容についての表示ということである。

　なお、「優良」かどうかは、あくまで表示全体から一般消費者が商品または役務を「優良」だと認識するかどうかで判断される。そ

の商品が持つ客観的な品質の優良性ではない。例えば、「古紙100％を用いた地球にやさしいコピー用紙です」との表示があったものの、実際には、古紙は100％使用されていなかったとする。この場合、コピー用紙としての客観的な品質は、古紙を使わない方が優良（表面がきれい、紙詰まりしにくい）だったとしても、前記表示に接した一般消費者は、「古紙100％を用いた地球にやさしい」点にコピー用紙としての商品の優良性を感じることになる。実際には、古紙が100％使用されていない以上、一般消費者が表示から受ける優良な印象・認識と実際のものに乖離があるとして、優良誤認表示に該当し得ることになる。

また、景品表示法は、単なる事実誤認を規制するものではない。優良誤認であれば、表示自体が商品または役務の内容について、著しく優良であると示すものである必要がある。したがって、例えば、ある農産物について、実際は、「○○県」産なのに、「××県」産と表示していたとしても、産地だけの表示で直ちに農産物の内容の優良性に結び付くものではない。仮に、「○○県」産のものよりも「××県」産のものを選好する消費者がいたとしても、それは、その消費者自身の個人的嗜好などの固有の事情によるものであって、その表示そのものが優良性を示したからではない。他方、単なる産地の違いを超えて、「○○（地域名）牛」などのブランド肉となれば、話は別である。レストランなどで実際には、通常の牛肉を使用したものであるにもかかわらず、「○○牛を使ったステーキ」と表示していたら、ステーキという料理の内容について、通常の牛肉より、品質の高いブランド肉を使ったという点で優良性を示すものとして優良誤認表示に当たり得る。

3 「実際のものよりも著しく優良であると示す表示」「事実に相違して……他の事業者に係るものよりも著しく優良であると示す表示」

5条1号は、「実際のものよりも著しく優良であると示す表示」

であり、2号と異なり、「一般消費者に誤認される表示」の要件がない。しかし一般消費者に対し、「実際のものよりも著しく優良であると示」す表示や「事実に相違して……他の事業者に係るものよりも著しく優良であると示す表示」は、一般消費者が表示から受ける印象・認識と実際のものに乖離があるものであり、一般消費者に誤認される表示となる。「一般消費者に誤認される表示」との要件がないからといって、優良誤認表示が一般消費者に誤認される表示でなくなるものではない。

4　事例の解説

　事例は、衣料品販売事業を行う「事業者」であるXが、自己の販売するダッフルコートについて、「カシミヤ20％混」と表示している。カシミヤとは、カシミヤ山羊の毛であり、カシミヤを使用した商品は、その光沢や滑らかな触感、保温力に優れていること等から、一般に高級品として認識されている。ダッフルコートについての「カシミヤ20％混」との表示は、ダッフルコートという「商品」の「内容」についての優良性を示す表示である。ところが実際にはカシミヤが入っていないということであれば、「一般消費者に対し、実際のものよりも著しく優良であると示」す表示として、優良誤認に該当し得る。

5　具体例（不実証広告規制を用いたものを除く）

　最近における優良誤認表示に対する措置命令（不実証広告規制を用いたものを除く）としては、以下のようなものがある。

●株式会社 gumi に対する措置命令（消費者庁令和3年6月28日）

　株式会社 gumi は、株式会社スクウェア・エニックスと共同して供給する「WAR OF THE VISIONS ファイナルファンタジー ブレイブエクスヴィアス 幻影戦争」と称するオンラインゲーム（以下「本件ゲーム」という）内において実施した5つの役務を一般消費者に提供するに当たり、令和2年11月14日から同月16日までの間、本件

ゲーム内において

① 「1st ANNIVERSARY 1回限定 1回引き直し可能 UR10枠確定10連召喚」（以下「ガチャ1」という）について、あたかも、5枠分の「URユニット」と称するアイテムおよび5枠分の「URビジョンカード」と称するアイテムの計10枠分のアイテムの抽選方法については、1枠ごとに、表示された提供割合に従って抽選が行われるかのように示す表示をしていた。

　実際には、5枠分のURユニットおよび5枠分のURビジョンカードの計10枠分のアイテムの抽選方法については、1枠ごとに、表示された提供割合に従って抽選が行われるものではなく、ガチャ1を実行した結果提供される当該10枠分のアイテムの組合せは限られたものとなっており、一般消費者に表示されたように1枠ごとに表示された提供割合に従って抽選が行われれば提供される可能性のあった当該10枠分のアイテムの組合せのほとんどが、絶対に提供されないものであった。

② 「1st ANNIVERSARY 1回限定 URユニット10体確定10連召喚」（以下「ガチャ2」という）について、あたかも、10枠分のURユニットの抽選方法については、1枠ごとに、表示された提供割合に従って抽選が行われるかのように示す表示をしていた。

　実際には、10枠分のURユニットの抽選方法については、1枠ごとに、表示された提供割合に従って抽選が行われるものではなく、ガチャ2を実行した結果提供される当該10枠分のURユニットの組合せは限られたものとなっており、一般消費者に表示されたように1枠ごとに表示された提供割合に従って抽選が行われれば提供される可能性のあった当該10枠分のURユニットの組合せのほとんどが、絶対に提供されないものであった。

③ 「1st ANNIVERSARY 1回限定 URビジョンカード10枚確定10連召喚」（以下「ガチャ3」という）について、あたかも、10枠分のURビジョンカードの抽選方法については、1枠ごとに、表示された提供割合に従って抽選が行われるかのように示す表示をしていた。

　実際には、10枠分のURビジョンカードの抽選方法については、1枠ごとに、表示された提供割合に従って抽選が行われるものではなく、ガチャ3を実行した結果提供される当該10枠分のURビジョンカードの組合せは限られたものとなっており、一般消費者に表示されたように1枠ごとに表示された提供割合

に従って抽選が行われれば提供される可能性のあった当該 10 枠分の UR ビジョンカードの組合せのほとんどが、絶対に提供されないものであった。

④ 「1st ANNIVERSARY 1 回限定 UR ユニットの欠片 100 個確定 10 連召喚」（以下「ガチャ4」という）について、あたかも、10 枠分の「UR ユニットの欠片」と称するアイテム（各 100 個）の抽選方法については、1 枠ごとに、表示された提供割合に従って抽選が行われるかのように示す表示をしていた。

　実際には、10 枠分の UR ユニットの欠片（各 100 個）の抽選方法については、1 枠ごとに、表示された提供割合に従って抽選が行われるものではなく、ガチャ4 を実行した結果提供される当該 10 枠分の UR ユニットの欠片（各 100 個）の組合せは限られたものとなっており、一般消費者に表示されたように 1 枠ごとに表示された提供割合に従って抽選が行われれば提供される可能性のあった当該 10 枠分の UR ユニットの欠片（各 100 個）の組合せのほとんどが、絶対に提供されないものであった。

⑤ 「1st ANNIVERSARY 1 回限定 UR ビジョンカードの欠片 50 個確定 10 連召喚」（以下「ガチャ5」という）について、あたかも、10 枠分の「UR ビジョンカードの欠片」と称するアイテム（以下「UR ビジョンカードの欠片」という）（各 50 個）の抽選方法については、1 枠ごとに、表示された提供割合に従って抽選が行われるかのように示す表示をしていた。

　実際には、10 枠分の UR ビジョンカードの欠片（各 50 個）の抽選方法については、1 枠ごとに、表示された提供割合に従って抽選が行われるものではなく、ガチャ5 を実行した結果提供される当該 10 枠分の UR ビジョンカードの欠片（各 50 個）の組合せは限られたものとなっており、一般消費者に表示されたように 1 枠ごとに表示された提供割合に従って抽選が行われれば提供される可能性のあった当該 10 枠分の UR ビジョンカードの欠片（各 50 個）の組合せのほとんどが、絶対に提供されないものであった。

コメント

　本件については、株式会社 gumi が株式会社スクウェア・エニックスと共同して供給する「WAR OF THE VISIONS ファイナルファンタジー ブレイブエクスヴィアス 幻影戦争」と称するオンラインゲームについて、優良誤認表示があったとされたことから、同日、株式会社スクウェア・エニックスに対しても措置命令がなされている。

［表示例］　実際と異なる提供割合の表示

ユニット名	属性	レアリティ	コスト	提供割合
エルデ・リオニス	火	UR	80	3.12500%
レイン	火	UR	80	3.12500%
ルアーサ	火	UR	80	3.12500%
ラルドー	火	UR	80	3.12500%

（中略）

ヴィネラ・フェネス	闇	UR	80	3.12500%
ガーブル	闇	UR	80	3.12500%
ギルガメッシュ	氷	UR	100	1.56250%
シュテル（破滅の騎士）	闇	UR	100	1.56250%

●召喚は1回ごとに、その提供割合にもとづいて抽選を行います。

出典：消費者庁ウェブサイト（https://www.caa.go.jp/notice/assets/
representation_210629_03.pdf）別紙3、別紙4より一部抜粋。

　景品表示法は、あらゆる商品またはサービスにおけるあらゆる表
示媒体が規制対象となる。本件のようにオンラインゲームの内容に
ついても優良誤認表示は適用されるのである。
　オンラインゲームにおいて、提供される「10連ガチャ」（10回分
のガチャを1回で引ける機能。アイテムは10個入手できるが、料金も10
回分課金される）の抽選方法について実際とは乖離した抽選方法の表
記がなされていたものである。具体的には、本件の表示内容から一
般消費者は10連ガチャにおいて、10個の枠それぞれに表示された
提供割合に従って、1枠ずつ抽選が行われるものと認識するが、本

件では、あらかじめ定められたパターンに基づいて 10 枠分がまとめて提供されていた。要は、10 連ガチャではなく、10 アイテムのセットが複数入った 1 回のガチャであった。このため、表示された提供割合に従って抽選が行われれば提供される可能性のあった当該 10 アイテムの組合せのほとんどが絶対に提供されないものであった。これが優良誤認表示に当たるとして措置命令が発された事件である。

●タイガー魔法瓶株式会社に対する措置命令（消費者庁令和 3 年 8 月 31 日）

　タイガー魔法瓶株式会社は、「PCK － A080」と称する電気ケトル（以下「本件商品」という）を一般消費者に販売するに当たり、例えば、令和 2 年 10 月 10 日から同月 26 日までの間、同年 11 月 2 日、同月 9 日、同月 16 日、同月 23 日および同月 30 日に、地上波放送を通じて放送したテレビコマーシャルにおいて、本件商品を持ち運んでいる人物がつまずいて本件商品をソファ上に落として転倒させる映像およびソファ上に転倒した本件商品から液体がこぼれない映像と共に、「もしものとき、熱湯がこぼれないように、設計しています」との音声並びにテーブル上に転倒した本件商品から液体がこぼれない映像と共に、「安全最優先」および「01 転倒お湯もれ防止」との文字の映像等を表示するなど、あたかも、本件商品が転倒しても本件商品からお湯がこぼれないかのように示す表示をしていた。
　実際には、本件商品が転倒したときは、本件商品の構造上、本件商品からお湯がこぼれる場合があるものであった。
　コメント
　電気ケトルという商品について、転倒しても湯がこぼれないかのような表示をしていたが、実際には湯がこぼれるというものであった。一般的に、電気ケトルには、内部の水が沸騰する際に内部圧力が過度に上昇することを回避して安全を確保するため、内部の空気を外部へ逃がす通気口が設けられている。このように商品特性上、湯はこぼれることがあるにもかかわらず、湯がこぼれないことを強調してしまったものである。これは実際の商品よりも「著しく優良である」と表示したことに当たり、5 条 1 号に反するのみならず、仮に、個々の消費者が表示を過信して、本件商品を転倒させ、湯をこぼしてしまった場合には、熱湯によるやけどなど安全にもかかわるものであったと考えられる。

[表示例] 実際と異なる機能を紹介する表示

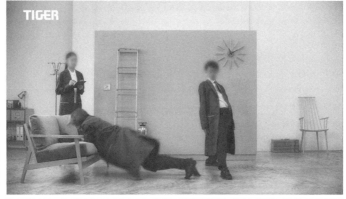

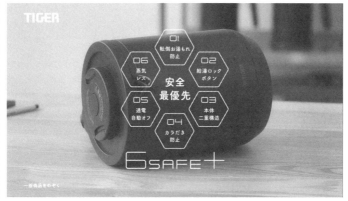

出典：消費者庁ウェブサイト（https://www.caa.go.jp/notice/assets/
representation_210831.pdf）別紙1より一部抜粋。

●メルセデス・ベンツ日本株式会社に対する措置命令（消費者庁令和
　3年12月10日）

　メルセデス・ベンツ日本株式会社は、「GLA180」と称する普通自
動車、「GLA200d 4MATIC」と称する普通自動車、「GLB200d」と称
する普通自動車および「GLB250 4MATIC スポーツ」と称する普通
自動車の各商品を一般消費者に販売するに当たり、例えば、
「GLB200d」と称する普通自動車について、「The new GLB Data
Information」と称する冊子等において、一部の車種の表示につき、

① あたかも、「ダイレクトステアリング」と称する機能が標準装備であるかのように表示していたが、実際には、当該機能は標準装備ではなかった。

② あたかも、「オフロードエンジニアリングパッケージ」と称する複数の機能がパッケージになっているものが標準装備であるかのように表示していたが、実際には、当該パッケージは標準装備ではなかった。

③ あたかも、サングラスケースが標準装備であるかのように表示していたが、実際には、サングラスケースが標準装備ではない車両があった。

④ あたかも、「自動再発進機能」と称する機能が標準装備であるかのように表示していたが、実際には、当該機能は、ナビゲーションパッケージを別途装備しなければ、機能しないものであった。

⑤ あたかも、「アクティブステアリングアシスト（アクティブレーンチェンジングアシスト、アクティブエマージェンシーストップアシスト）」と称する機能が標準装備であるかのように表示していたが、実際には、当該機能は、ナビゲーションパッケージを別途装備しなければ、機能しないものであった。

⑥ あたかも、「AMG ライン」と称するパッケージオプションに「Mercedes-Benz ロゴ付ブレーキキャリパー」と称するブレーキキャリパーが含まれているかのように表示していたが、実際には、当該ブレーキキャリパーが装備されていない車両があった。

⑦ あたかも、AMG ラインに「ドリルドベンチレーテッドディスク」と称するベンチレーテッドディスクが含まれているかのように表示していたが、実際には、当該ベンチレーテッドディスクが装備されていない車両があった。

⑧ あたかも、AMG ラインに「スポーツコンフォートサスペンション」と称するサスペンションが含まれているかのように表示していたが、実際には、AMG ラインについて当該サスペンションは含まれていなかった。

など、各商品に係る表示について、それぞれ、景品表示法に違反する行為が認められた。

コメント

普通乗用車に関して、カタログやデータインフォメーション（装備表）において、「標準装備」と表示されていたにもかかわらず、実際には、標準装備ではなかったもの、実際には、オプションを別途

［表示例］　実際と異なる装備状況（上記⑤）の表示

ウインカーを点滅させるだけで車線変更できる
アクティブレーンチェンジングアシスト

移動したい車線側の方向へウインカーを点滅させるだけで、自動で
車線変更。高速道路での追い越しなどが簡単に行えます。

〈全車標準装備〉

もしもの場合に、クルマを安全に停止させる
アクティブエマージェンシーストップアシスト

一定時間以上両手がステアリングから離れているのをシステムが
検知すると、警告音が鳴り、ドライバーが反応しない場合は、さらに
警告音を鳴らしながら、緩やかに減速して完全に停止します。

〈全車標準装備〉

出典：消費者庁ウェブサイト（https://www.caa.go.jp/notice/entry/026911/）
　　　別紙4より一部抜粋。

装備しなければ機能しないものであったもの等が優良誤認表示とさ
れたものである。
　もちろん、これらの装備がないからといって普通乗用車としての
基本的性能・機能そのものに影響するものではないが、景品表示法
は、あくまで表示を規制するものである。普通自動車の装備という
「商品」の内容についての表示であり、標準装備との表示に接した一
般消費者は、普通自動車である「商品」の内容についての優良性を
認識するものであることから、表示と実際のものとに乖離があれば、
優良誤認表示に当たるとされたものと考えられる。

●カーズショップ松山こと高畑正志に対する措置命令（消費者庁令和3年12月14日）

　カーズショップ松山こと高畑正志は、15台の中古自動車を一般消費者に販売するに当たり、「Mjネット」および「カーセンサー」と称する全国の中古自動車情報を掲載しているウェブサイト（以下「本件ウェブサイト」という）において、

①　15台の中古自動車について、本件ウェブサイトのうち当該中古自動車に係る情報を掲載する各ウェブページにおいて、「修復歴なし」と表示することにより、あたかも、当該中古自動車は、車体の骨格部分に損傷が生じたことのない中古自動車であるかのように示す表示をしていたが、実際には、当該中古自動車は、車体の骨格部分に損傷が生じたことのある中古自動車であった。

②　3台の中古自動車について、本件ウェブサイトのうち当該中古自動車に係る情報を掲載する各ウェブページにおいて、あたかも、当該中古自動車の走行距離が掲載された数値のとおりであるかのように示す表示をしていたが、実際には、当該数値は当該中古自動車の実際の走行距離数よりも過少であった。

［表示例］　実際と異なる修復歴と走行距離の表示

出典：消費者庁ウェブサイト（https://www.caa.go.jp/notice/assets/representation_211214.pdf）別紙2より一部抜粋。

コメント
　中古自動車とは、購入以前に誰かが使用していたものである。そのような「商品」について、車体の骨格部分に損傷が生じたことに

よる修復歴があるかどうかやどれくらい走行したのか（走行距離数）
といった商品の「内容」についての情報は、一般消費者の商品選択
において重要な要素であるといえる。修復歴があるにもかかわらず、
ないと表示したり、実際の走行距離数よりも過少に走行距離数を表
示したりすることは、中古自動車という「商品」の内容についての
優良誤認表示に該当することになるものと考えられる。

●古田商事株式会社に対する措置命令（消費者庁令和4年3月23日）

　古田商事株式会社は、「メリヤスウエス」と称する清掃や研磨等に
用いる生地1キログラム入りの商品（以下「本件商品」という）を一
般消費者に販売するに当たり、令和3年4月28日、同年7月16日、
同月28日、同月29日、同年9月8日および同年12月3日に、本件
商品の容器包装内ラベルにおいて、「環境に優しい リサイクル綿
100％ メリヤスウエス」および「品質：綿100％（Tシャツ・肌着と
同等生地)」と表示することにより、あたかも、本件商品を構成する
すべてのウエス生地の組成が綿100％であるかのように示す表示を
していたが、実際には、本件商品には、綿100％ではないウエス生
地が含まれていた。

コメント

　「ウエス」とは、清掃や研磨等に用いる生地のことである。「メリ
ヤスウエス」とは、編物生地のウエスを意味し、白色の綿100％の
メリヤスウエスは、他のウエスと比較して販売価格が高く、柔らか
な生地で吸水性や給油性が高いとされている。そのようなメリヤス
ウエスについて「リサイクル綿100％」とあたかもリサイクルの綿
を100％使用したかのように表示しながら、実際には、レーヨン、
ポリエステル等化学繊維が使用されていたものであり、メリヤスウ
エスという「商品」の内容について、実際のものよりも著しく優良
であると示す表示であると判断されている。一般消費者の環境志向
が高まる中、「環境にやさしい」「リサイクル」などと環境に配慮し
た商品であるかのように表示しながら、実際にはそうではなかった
場合には、やはり、商品の「内容」について著しく優良性を標ぼう
していたとして、優良誤認表示に該当するものと考えられる。

［表示例］　実際と異なる生地組成の表示

家庭内作業（ガラス磨き、靴磨き）
愛用品の手れなどに

環境に ♻ 優しい
リサイクル綿100%
メリヤスウエス
1Kg 入り
品質：綿100%
（Tシャツ・肌着と同様生地）

車のワックス掛け、ペンキ作業
機械の清掃などに

FURUTA SHOJI CO., LTD.
0120-51-9240

出典：消費者庁ウェブサイト（https://www.caa.go.jp/notice/assets/
representation_cms208_220323_01.pdf）の別紙より一部抜粋。

2-4　不実証広告規制

●事例1

　Aは、ある日自宅で歯磨きをしていたら、足元をまるまると太っ
たネズミが走っていくのを見かけた。Aは、翌朝、新聞広告で、「一
家に1台、『ネズミタイサン』！『ネズミタイサン』の電磁波で家屋
のネズミをブロックします。『ネズミタイサン』をご家庭のコンセン
トに差し込むだけで、スペシャルな電磁波が壁、床下、天井などの
電気配線を伝わり、あなたの家からネズミを追い出します」との広
告を見つけた。「ネズミタイサン」と称する商品を販売するのは、事
業者Xであった。Aは、これは我が家のネズミ駆除にいいかもしれ
ないと思った。
　しかし、Xが行った「ネズミタイサン」を用いた実験によると
「ネズミタイサン」から一定の電磁波は発生していることが分かった
ものの、家からネズミを追い出すような効果を裏付けるような結果
までは認められていなかった。

1 概説

　消費者庁長官が、事業者に対し、不当表示を理由とする措置命令をするためには、その事業者がその表示を行ったとの事実を証拠に基づき認定の上、その事実が不当表示に該当すると判断する必要がある。逆にいえば、証拠から不当表示に該当する事実が認定できなければ、法律に規定された「要件」不充足であり、措置命令ができるとの法律の規定に基づく「効果」は発生しないから、措置命令をすることができない。仮に、不当表示に該当する事実がないにもかかわらず、措置命令をして、措置命令の取消訴訟が提起された場合には、不当表示に該当する事実は認められないとしてその措置命令は違法な行政処分として取り消されることになる。このように、不当表示に該当する事実の立証責任は、行政庁である消費者庁長官が負っているといえる。

　立証責任（または証明責任）とは、訴訟上、ある主要事実の存在が真偽不明（あるともないともいえない）に終わった場合に当該法律効果の発生が認められないという一方当事者が負うべき不利益のことである（ある主要事実があるともないともいえない場合には、「ない」と扱われる不利益のこと）。そして、主要事実（ある法律効果の発生に直接必要となる事実）につき立証責任を負う当事者の主張する立証活動を「本証」といい、立証責任を負っている者は、高度の蓋然性をもって確かであるといえる程度までに立証しなければならない。したがって、消費者庁長官は、措置命令を行うためには、不当表示に該当する事実についての立証責任を負っているから、本証、すなわち、当該事実について高度の蓋然性をもって確かであるといえる程度までに立証しなければならない。

　これに対し、立証責任を負っていない当事者のする立証活動が「反証」であり、反証は、主要事実につき真偽不明の状態にすれば足りる。

　したがって、措置命令取消訴訟において、原告である事業者は、不当表示に該当する事実がないことについて高度の蓋然性をもって

確かであるといえる程度までに立証する必要はなく、そのような事実があるともないともいえない状態にすれば、反証としては、成功したことになる。裁判所としては、被告が主張する事実が真偽不明であることから、そのような事実は「ない」と判断することになり、措置命令を取り消すとの請求認容判決（原告勝訴の判決）が出されることになる。

これに対し、7条2項（不実証広告規制）は、上記の立証負担が軽減されることになる。

7条2項前段は、以下のとおり定めている。

●景品表示法7条2項前段

> 内閣総理大臣（筆者注：実際は、権限委任を受けた消費者庁長官）は、前項の規定による命令（筆者注：7条1項の措置命令のこと）に関し、事業者がした表示が第5条第1号に該当するか否かを判断するため必要があると認めるときは、当該表示をした事業者に対し、期間を定めて、当該表示の裏付けとなる合理的な根拠を示す資料の提出を求めることができる。

消費者庁長官は、ある事業者の表示が5条1号の優良誤認表示に該当するか否かを判断するため必要があると認める場合、その事業者に対し、期間を定めて、その表示の裏付けとなる合理的な根拠を示す資料の提出を求めることができる。これだけだと、資料要求の規定である。しかし続けて、7条2項後段は、次のとおり規定する。

●景品表示法7条2項後段

> この場合において、当該事業者が当該資料を提出しないときは、同項の規定の適用については、当該表示は同号に該当する表示とみなす。

「この場合において」、つまり、消費者庁長官が、ある事業者の表示が5条1号の優良誤認表示に該当するか否かを判断するため必要

があると認め、その事業者に対し、期間を定めて、その表示の裏付けとなる合理的な根拠を示す資料の提出を求めた場合に、その事業者が何も提出しない、または、何らかの資料を提出したが、それがその表示の裏付けとなる合理的な根拠を示す資料とは認められない場合には、措置命令の適用については、その表示は、優良誤認表示と「みなす」という法律効果が発生するのである。「みなす」とは、ある事実があった場合に、法律上、当然にそのような効果を認める趣旨である。反証は、許されない（この点、課徴金納付命令における不実証広告規制である8条3項では、「推定する」とされており、反証によって、推定が覆ることがあり得る）。

　事業者としては、自らの表示が不当表示とみなされないようにするため、すなわち自己に不利益な法律効果の発生を防ぐために、当該表示の裏付けとなる合理的な根拠を示す資料が存在するという事実についての立証責任を負っていることになる。当該事実が存在することについて、高度の蓋然性をもって確かであるといえる程度までに立証しなければならないのである。

　このような優良誤認の立証負担を軽減することになる不実証広告規制の前提として、「一般消費者は、事業者と商品等の取引を行うに当たり、当該事業者がした表示のとおりの品質等が当該商品等に備わっているものと期待するのが通常であって、実際にこれが備わっていなければ、その自主的かつ合理的な選択を阻害されるおそれがあるといい得るから、法5条1号の規律するところにも照らし、当該商品等の品質等を示す表示をする事業者は、その裏付けとなる合理的な根拠を有していてしかるべきである」（最判令和4年3月8日（令和3年（行ツ）33号）〔株式会社だいにち堂による措置命令取消請求事件〕）との考え方・経験則が背景にある。

2　制定経緯・趣旨

　前述のとおり、消費者庁長官が、事業者に対し、措置命令をするためには、その事業者が行った表示が不当表示に該当するとの事実

を証拠に基づき認定する必要がある。しかし、「性能」や「効果」は、物理的に見えない。手に直接取ることもできない。そのような商品または役務の有する「性能」や「効果」に関する優良性を強調した表示について、不当表示として規制するためには、消費者庁長官が専門機関を利用して調査・鑑定等を行い、表示どおりの効果、性能がないことを立証する必要がある。

　このため、事業者が当該表示の裏付けとなる合理的な根拠を全く有していない場合でも、行政処分を行うまでに多大な時間を要し、その間に不当表示の疑いのある商品または役務が販売され続け、その結果として、消費者被害が拡大するおそれがある。

　このような状況は、公正取引委員会が景品表示法を所管していた当時も同様であった。そこで、商品または役務の内容に関する合理的な根拠のない表示を効果的に規制することを可能とする景品表示法4条2項（当時）の新設を含む、「不当景品類及び不当表示防止法の一部を改正する法律（平成15年法律第45号）」が平成15年5月23日に公布され、景品表示法4条2項（当時）については同年11月23日に施行された（以上の経緯については、「公正取引委員会不当景品類及び不当表示防止法第7条第2項の運用指針——不実証広告規制に関する指針」（平成15年10月28日。以下、「不実証広告運用指針」という）参照）。

3　7条2項の対象となり得る表示

　7条2項の適用対象となる表示とは、5条1号が適用される商品または役務の内容に関する表示であり、条文上、対象となる表示に限定は付されていない。

　しかし、商品または役務の内容に関する表示のうち、例えば、原材料、成分、容量、原産地、等級、住宅等の交通の便、周辺環境のような事項に関する表示については、通常、契約書等の取引上の書類や商品そのものといった客観証拠を確認することによって、当該表示が実際のものとは異なるものであるか否かを判断することがで

きるため、通常の調査手法で足りる。

　これに対し、商品または役務の内容に関する表示の中でも、痩身効果、空気清浄機能等のような効果、性能に関する表示については、契約書等の取引上の書類や商品そのもの等の情報を確認することだけでは、実際に表示されたとおりの効果、性能があるか否かを客観的に判断することは困難である。上述のとおり、このような問題に対処するために７条２項が導入されている。

　このため、不実証広告運用指針は、「景品表示法第７条第２項……が規定された趣旨とこのような効果、性能に関する表示に対する立証上の問題点を踏まえ、本運用指針においては、商品または役務の効果、性能に関する表示に対する同項の適用についての考え方を示すこととする」としている。

　消費者庁としては、７条２項が適用される事案は、基本的には、事業者が商品または役務の内容について行う表示のうち、効果、性能に関する表示の事案であることを明らかにしている。運用上の比例原則を確保したものと解される。

4　「表示の裏付けとなる合理的な根拠を示す資料」の考え方

　「表示の裏付けとなる合理的な根拠を示す資料」についての考え方は、不実証広告運用指針において明らかにされている。

　消費者庁長官が５条１号違反に該当する表示か否か判断するために必要があると認めて、当該表示の裏付けとなる合理的な根拠を示す資料の提出を求めた場合に、当該事業者から提出された資料（以下「提出資料」という）が当該表示の裏付けとなる合理的な根拠を示すものであると認められるためには、次の２つの要件を満たす必要がある。

① 　提出資料が客観的に実証された内容のものであること
② 　表示された効果、性能と提出資料によって実証された内容が適切に対応していること

上記①について、提出資料は、表示された具体的な効果、性能が事実であることを説明できるものでなければならず、そのためには、客観的に実証された内容のものである必要がある。客観的に実証された内容のものとは、「試験・調査によって得られた結果」か「専門家、専門家団体若しくは専門機関の見解又は学術文献」のいずれかに該当するものである。

　「試験・調査によって得られた結果」については、「当該試験・調査の方法は、表示された商品・サービスの効果、性能に関連する学術界又は産業界において一般的に認められた方法又は関連分野の専門家多数が認める方法によって実施する必要がある」とされている。

　「専門家、専門家団体若しくは専門機関の見解又は学術文献」については、「当該商品・サービス又は表示された効果、性能に関連する分野を専門として実務、研究、調査等を行う専門家、専門家団体又は専門機関（以下「専門家等」という。）による見解又は学術文献を表示の裏付けとなる根拠として提出する場合、その見解又は学術文献は、次のいずれか（筆者注：㋐専門家等が、専門的知見に基づいて当該商品・サービスの表示された効果、性能について客観的に評価した見解又は学術文献であって、当該専門分野において一般的に認められているもの、㋑専門家等が、当該商品・サービスとはかかわりなく、表示された効果、性能について客観的に評価した見解又は学術文献であって、当該専門分野において一般的に認められているもの）であれば、客観的に実証されたものと認められる」とされている。

　上記②について、提出資料が、それ自体として客観的に実証された内容のものであることに加え、表示された効果、性能が提出資料によって実証された内容と適切に対応していなければならない。

　したがって、事例2のとおり、提出資料自体は客観的に実証された内容のものであっても、表示された効果、性能が提出資料によって実証された内容と適切に対応していなければ、当該資料は、当該表示の裏付けとなる合理的な根拠を示すものとは認められない。

●事例2 （事例1について提出された資料）

> 　家屋内のネズミを有効に駆除すると表示する「ネズミタイサン」について、事業者から、公的機関が実施した試験結果が提出された。
> 　しかしながら、当該試験結果は、試験用のアクリルケース内において、当該機器によって発生した電磁波が、ネズミに対して一時的に回避行動を取らせることを確認したものにすぎず、人の通常の居住環境における実用的なネズミ駆除効果があることを実証するものではなかった。

　「家屋内のネズミを有効に駆除する」との表示内容に対し、試験結果が「試験用のアクリルケース内において、当該機器によって発生した電磁波が、ネズミに対して一時的に回避行動を取らせることを確認したもの」では、表示された効果、性能と提出資料によって実証された内容が適切に対応しているとはいえない。当該提出資料は表示の裏付けとなる合理的な根拠を示すものとは認められないことになる。景品表示法は、不当表示を規制するものであって、試験結果そのものに評価を与えることを目的とする法律ではない。表示された効果、性能と提出資料によって実証された内容が適切に対応していなければ、いかに試験結果が客観的に実証されたものであっても、当該提出資料は、事業者が行った「表示」の裏付けとなる合理的な根拠を示すものとは認められないということである。

　なお、不実証広告運用指針について、裁判例では、7条2項「の運用の透明性及び事業者の予見可能性を確保するため、同項の運用について一定の指針を示すことを目的」とするものであり、「法7条2項の趣旨を踏まえれば、本件運用指針が示す上記判断基準は、妥当なものといえ」るとされている（東京地判令和2年3月4日（平成30年（行ウ）345号）〔株式会社だいにち堂による措置命令取消請求事件〕）。もっとも、不実証広告運用指針は、行政庁の一定の法解釈の指針であって、法令ではないことから、「合理的な根拠を示す資料」となるか否かは、あくまで法律の規定である7条2項後段の要件に該当するか否かによって判断される。このため、別の裁判例で

は、「運用指針の適示する要件は……同条2項の解釈として妥当なものと解すべきであり、これらの要件を充たさない場合には、特段の事情がない限り、「当該表示の裏付けとなる合理的な根拠を示す資料」に該当しないというべきである」、「本件資料は、いずれも前記の運用指針の基準を充たさず、前記特段の事情も認められないのであるから、本件表示を裏付ける合理的な根拠を示す資料に該当」しないと判示している（前掲東京高判平成22年10月29日〔株式会社オーシロによる審決取消請求事件〕）。

　不実証広告運用指針は、法令ではないものの、その内容は、7条2項の解釈として妥当であることから、通常は、その妥当な運用指針の要件を充たさなければ、同項前段の「合理的な根拠を示す資料」に該当しないことになるが、不実証広告運用指針以外の解釈の余地があり得ることを示す趣旨で、「特段の事情」との留保を付したものと解される。

　また、不実証広告運用指針は、あくまで7条2項前段の「表示の裏付けとなる合理的な根拠を示す資料」についての解釈の指針を示すものにすぎず、また、同項により、事業者の表示が優良誤認表示であるとみなされることと、消費者庁長官が行政処分である措置命令をするかは別の問題であり、「不利益処分をするかどうか又はどのような不利益処分とするかについてその法令の定めに従って判断するために必要とされる基準」である「処分基準」（行政手続法2条8号ハ）ではないと解される。

5　「期間を定めて」

　7条2項前段による資料提出要求は、「期間を定めて」なされる。この期間は、「（資料提出要求の）文書を送付した日から15日を経過する日までの期間」とされている（景品表示法施行規則7条2項本文）。したがって、消費者庁長官が定めた期間経過後に提出された資料は、7条2項後段の検討の対象外である。

　この点、期間経過後に提出された資料の取扱いについては、「提

出期限経過後に提出された資料は、本件資料が本件表示を裏付ける合理的な根拠を示すものであるか否かを判断するために参酌し得るにとどまるのであるから、参酌し得るのは、上記資料中、本件資料の内容を説明するものや補足する部分に限られるというべきである。したがって、提出期間経過後に提出された資料中の新たな試験・調査によって当該表示を裏付ける根拠を示そうとする部分は、本件資料が本件表示を裏付ける合理的な根拠を示す資料たり得るものではない」と判示されている（前掲東京高判平成22年10月29日〔株式会社オーシロによる審決取消訴訟請求事件〕）。

　期間経過後に提出された資料を合理的な根拠資料の判断対象と認めることは、条文の文言に反するし、前掲最判令和4年3月8日〔株式会社だいにち堂による措置命令取消請求事件〕の判決文で示された「当該商品等の品質等を示す表示をする事業者は、その裏付けとなる合理的な根拠を有していてしかるべきである」との7条2項の趣旨にも反するからである。

　なお、7条2項の条文上、期間厳守について、例外規定は設けられていない。「当該商品等の品質等を示す表示をする事業者は、その裏付けとなる合理的な根拠を有していてしかるべきである」との趣旨からは、当然の帰結である。しかし、不実証広告運用指針では、具体的妥当性を図る観点から、「正当な事由」があれば、提出期間の延長があり得ることを認めている。どのような理由が正当な事由であると認められるかは、「個別の事案ごとに判断されることになるが、新たな又は追加的な試験・調査を実施する必要があるなどの理由は、正当な事由とは認められない」とされている。上記の趣旨からは、当然のことを確認的に規定したものと解される。

6　不実証広告規制と営業活動の自由等との関係

　憲法は第3章で、様々な国民の基本的人権を保障している。もっとも、基本的人権の保障も絶対無制限ではなく、「公共の福祉」（憲法12条後段、13条後段）によって制約される。法律も国民の基本的

人権を制約するものであるが、公共の福祉の観点から、その制約は、正当化される。不実証広告規制が憲法により保障される表現の自由（同法21条1項）、営業の自由（同法22条1項）に反し、違憲ではないかが争われた事件において、最高裁は、「法（筆者注：景品表示法）7条2項は、……事業者との商品等の取引について自主的かつ合理的な選択を阻害されないという一般消費者の利益をより迅速に保護することを目的とするものである……、この目的が公共の福祉に合致することは明らかである。そして、一般消費者は、事業者と商品等の取引を行うに当たり、当該事業者がした表示のとおりの品質等が当該商品等に備わっているものと期待するのが通常であって、実際にこれが備わっていなければ、その自主的かつ合理的な選択を阻害されるおそれがあるといい得るから、……当該商品等の品質等を示す表示をする事業者は、その裏付けとなる合理的な根拠を有していてしかるべきである。また、法7条2項により……優良誤認表示とみなされるのは、当該事業者が一定の期間内に当該表示の裏付けとなる合理的な根拠を示すものと客観的に評価される資料を提出しない場合に限られると解されるから、同項が適用される範囲は合理的に限定されている……。加えて、……同項の趣旨に照らせば、同項が適用される場合の措置命令は、当該事業者が裏付けとなる合理的な根拠を示す資料を備えた上で改めて同様の表示をすることについて、何ら制限するものではないと解される。……前記の目的を達成するための手段として必要かつ合理的なものということができ、そのような取扱いを定めたことが立法府の合理的裁量の範囲を超えるものということはできない。したがって、法7条2項は、憲法21条1項、22条1項に違反するものではない」（前掲最判令和4年3月8日〔株式会社だいにち堂による措置命令取消請求事件〕）と判示し、不実証広告規制は憲法に反しないとの判断を示した。

　法律は、目的と手段で構成されているところ、不実証広告規制の「目的」が公共の福祉に合致することは明らかであり、目的達成のための「手段」も必要かつ合理的なものあるから、不実証広告規制

よる制約は正当化されると判断したものと解される。

7　事例の解説

　事例1の事業者Ｘの供給する「ネズミタイサン」は、家庭など
の実使用空間でのネズミ除去効果を表示するものである。しかし、
その表示の根拠としては、単に「ネズミタイサン」から電磁波が発
生しているという実験結果だけである。4で述べたとおり、その実
験結果が「①提出資料が客観的に実証された内容のものであるこ
と」かどうかが問題となる。仮に、これを満たす実験結果であると
しても、表示された家屋などの実使用空間でのネズミ除去効果の裏
付けとなる合理的な根拠とはいえない。つまり、「② 表示された効
果、性能と提出資料によって実証された内容が適切に対応している
こと」とは認められない。「ネズミタイサン」から電磁波が発生し
ているからといって、論理必然的に家庭などの実使用空間でのネズ
ミ除去効果があることにはならないからである。

　したがって、7条2項を用いた場合に上記資料しか提出されなけ
れば、事業者Ｘの表示は、同項後段により、優良誤認表示とみな
されることになる。

8　具体的事例

　最近における不実証広告規制を用いた措置命令としては、以下の
ようなものがある。

（洗浄効果、部屋干し臭防止効果および除菌効果を標ぼうする表示）

> ●株式会社宮本製作所に対する措置命令（消費者庁令和3年4月27
> 日）
>
> 　株式会社宮本製作所は、「洗たくマグちゃん」と称する商品、「ベ
> ビーマグちゃん」と称する商品および「ランドリーマグちゃん」と
> 称する商品の各商品（以下これらを併せて「本件3商品」という）を一
> 般消費者に販売するに当たり、例えば、洗たくマグちゃんについて、
> 遅くとも令和2年7月30日以降、容器包装において、「ご家庭の水

道水がアルカリイオンの水素水に変身！ 洗剤を使わなくても大丈夫
なお洗濯」、「部屋干しのイヤな臭いをスッキリ解消！」、「菌の抑制」
および「除菌試験により99％以上の抑制効果が確認されています」
等と表示するなど、あたかも、本件3商品を使用して洗濯すれば、
本件3商品の効果により、洗濯用洗剤を使用して洗濯した場合と同
程度に洗浄する効果、部屋干し臭の発生を防止する効果および菌を
99％以上除菌する効果が得られるかのように示す表示をしていた。

　消費者庁が、同社に対し、期間を定めて、当該表示の裏付けとな
る合理的な根拠を示す資料の提出を求めたところ、同社は、期間内
に表示に係る裏付けとする資料を提出したが、当該資料は、当該表
示の裏付けとなる合理的な根拠を示すものであるとは認められない
ものであった。

［表示例］　洗浄効果を標ぼうする表示

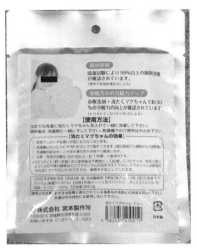

出典：消費者庁ウェブサイト（https://www.caa.go.jp/notice/assets/
representation_210427_01.pdf）の別紙1より抜粋。

（疾病の治療・予防効果を標ぼうする表示）

●株式会社シーズコーポレーションに対する措置命令（消費者庁令和
3年5月13日）

　株式会社シーズコーポレーションは、「seeds（シーズ）糖鎖」と
称する食品（以下「本件商品」という）を一般消費者に販売するに当
たり、例えば、遅くとも平成30年10月12日から令和元年9月29
日までの間および同月30日から令和2年10月22日までの間、「楽
天市場」と称するウェブサイトに開設した「シーズコーポレーショ
ン　楽天市場店」と称する自社ウェブサイトにおいて、「糖鎖＋PS
で脳を活性化！　認知症のリスクを軽減します」、「脳神経細胞の退化
を予防し、アルツハイマー型・脳血管性認知症の症状が改善される
『脳機能活性栄養素』です」、「PS（ホスファチジルセリン）は様々な
お悩みに効果が期待されています」、「認知症予防」、「めまい」、「難
聴」、「物忘れ・冴え」、「耳鳴り」、「記憶力・集中力」、「発達障害」、
「意欲向上」等と表示し、少なくとも令和3年1月31日に配布した
本件商品に同梱した冊子において、「さまざまな症状に・糖鎖栄養
素」と題し、「・ガン」、「・アレルギー症・花粉症」、「・喘息」、「・
糖尿病」、「・老化」、「・アルツハイマー病」、「・認知症」、「・関節

リウマチ」、「・不妊症」、「・高血圧」、「・脂質異常症」、「・精神疾患」、「・肝機能障害」、「・感染症」、「・膠原病」、「・甲状腺障害」および「・胃潰瘍 他」等と表示するなど、あたかも、本件商品を摂取するだけで、本件商品に含まれる糖鎖栄養素等が身体の細胞に作用することにより、疾病の治療または予防の効果が得られるかのように示す表示をしていた。

　消費者庁が、同社に対し、期間を定めて、当該表示の裏付けとなる合理的な根拠を示す資料の提出を求めたところ、同社は、期間内に表示に係る裏付けとする資料を提出したが、当該資料は、当該表示の裏付けとなる合理的な根拠を示すものであるとは認められないものであった。

［表示例］　疾病の治療・予防効果を標ぼうする表示

「シーズ糖鎖」が新成分PSを配合!
リニューアルしました!!

糖鎖+PSで脳を活性化!
認知症のリスクを軽減します。

「シーズ糖鎖」に、新成分「PS（ホスファチジルセリン）」が配合されました。
「PS」とは、大豆より抽出された大豆リン脂質です。脳神経細胞の退化を予防し、
アルツハイマー型・脳血管性認知症の症状が改善される「脳機能活性栄養素」です。
大阪市立大学医学部・尼崎中央病院にて、認知症の臨床データがあります。
糖鎖機能性食品の効果が更にパワーアップすることが期待できる成分です。

出典：消費者庁ウェブサイト（https://www.caa.go.jp/notice/assets/
representation_cms214_210514_02.pdf）別紙１より一部抜粋。

（まつ毛育毛効果・痩身効果を標ぼうする表示）

●株式会社ハウワイに対する措置命令（消費者庁令和3年6月3日）

　株式会社ハウワイは、
① 「エターナルアイラッシュ」と称する商品（以下「本件商品①」という）を一般消費者に販売するに当たり、令和2年7月6日から同月10日までの間、同月13日から同月17日までの間および同月21日に、自社ウェブサイトにおいて、人物のまつ毛の長さの比較画像と共に、「2週間でまつ毛が伸びる↑『エターナルアイラッシュ』の効果がすごすぎる」および「たった2週間でこんなにまつ毛が伸びてきた」等と表示することにより、あたかも、本件商品①を使用するだけで、本件商品①に含まれる成分の作用により、著しいまつ毛の育毛効果が得られるかのように示す表示をしていた。
② 「重ね発酵ハーブ茶」と称する食品（以下「本件商品②」という）を一般消費者に販売するに当たり、令和2年7月6日から同月10日までの間、同月13日から同月17日までの間および同月21日に、自社ウェブサイトにおいて、人物の上半身および本件商品の画像と共に、「飲むだけ 無理せず－10kgダイエット」、「減量アプローチ」、「カロリーブロック」、「するっとお通じ」および「いつもの食事と一緒に飲むだけ重ね発酵ハーブ茶」等と表示することにより、あたかも、普段摂取している飲料を本件商品②に替えるだけで、本件商品②に含まれる成分の作用により、容易に著しい痩身効果が得られるかのように示す表示をしていた。
　消費者庁が、同社に対し、期間を定めて、当該表示の裏付けとなる合理的な根拠を示す資料の提出を求めたところ、同社は、期間内に表示に係る裏付けとする資料を提出したが、当該資料は、当該表示の裏付けとなる合理的な根拠を示すものであるとは認められないものであった。

［表示例①］　まつ毛育毛効果を標ぼうする表示

［表示例②］　痩身効果を標ぼうする表示

出典：消費者庁ウェブサイト（https://www.caa.go.jp/notice/entry/024373/）
　　　別紙1、別紙2より一部抜粋。

（空間除菌効果を標ぼうする表示）

●大幸薬品株式会社に対する措置命令（消費者庁令和4年1月20日）

　大幸薬品株式会社は、「クレベリン スティック ペンタイプ」と称する商品（以下「本件商品①」という）、「クレベリン スティック フックタイプ」と称する商品、「クレベリン スプレー」と称する商品および「クレベリン ミニスプレー」と称する商品の各商品（以下これらを併せて「本件4商品」という）を一般消費者に販売するに当たり、例えば、本件商品①について、平成30年9月13日以降、商品パッケージにおいて、「空間に浮遊するウイルス・菌を除去」、「身の回りの空間のウイルス・菌を除去するスティックタイプです」等と表示するなど、あたかも、本件4商品を使用すれば、本件4商品から発生する二酸化塩素の作用により、電車、バスまたはオフィス等において、身の回りの空間に浮遊するウイルスまたは菌が除去または除菌される効果等が得られるかのように示す表示をしていた。

　消費者庁が、同社に対し、期間を定めて、当該表示の裏付けとなる合理的な根拠を示す資料の提出を求めたところ、同社は、期間内に表示に係る裏付けとする資料を提出したが、当該資料は、当該表示の裏付けとなる合理的な根拠を示すものであるとは認められないものであった。

［表示例］　空間除菌効果を標ぼうする表示

出典：消費者庁ウェブサイト（https://www.caa.go.jp/notice/assets/representation_220120_01.pdf）別紙１より一部抜粋。

コメント

　消費者庁は、上記事業者に対し、令和４年４月15日に、上記４商品以外の「置き型」と称する２商品についても同様の表示に対し、措置命令を発している。措置命令が２つに分かれた理由は、当該事業者が、措置命令が行われる前に、「差止めの訴え」（行政事件訴訟法３条７項）を提起するとともに、「仮の差止めの申立て」（同法37条の５第２項）を行った結果、東京地決令和４年１月12日（令和３年（行ク）第331号）により、相手方である国（行政庁である消費者庁長官の所属）が一部敗訴したため、消費者庁は、同決定において、申立人の請求が却下された部分に係る上記措置命令を行った。東京地裁決定に対しては、第一審申立人第一審相手方の双方が即時抗告を行ったところ、東京高決令和４年４月13日（令和４年（行ス）第８号）により、原決定中第一審相手方の敗訴部分の取消し、かかる敗訴部分につき、第一審申立人の申立て却下、第一審申立人の抗告を棄却するとされたことから、同月15日に、「置き型」と称する２商品に係る表示について措置命令を行ったものである。なお、事業者が提起した差止めの訴えについては、その後、訴えの取下げがなされている。

（痩身効果を標ぼうする表示の事例）

●ビジョンズ株式会社に対する措置命令（消費者庁令和３年６月22日）

　ビジョンズ株式会社は、「プルマモア マッサージ＆モイストボディクリーム」と称する商品（以下「本件商品」という）を一般消費者に販売するに当たり、令和２年７月29日から同年12月22日までの間、自社ウェブサイトにおいて、本件商品の容器包装の画像と共に、「ついに…部分痩せが可能に」、「女の格を上げるのは塗るだけダイエット？！」、「ダイエットにも美容にもこれ１本！」および「痩身効果 ホスファチジコリン ※脂肪溶解注射のメイン成分」等と表示することにより、あたかも、本件商品を身体の部位に塗布するだけで、本件商品に含まれる成分の作用により当該部位に短期間で著しい痩身効果が得られるかのように示す表示をしていた。

　消費者庁が、同社に対し、期間を定めて、当該表示の裏付けとな

る合理的な根拠を示す資料の提出を求めたところ、同社は、期間内に表示に係る裏付けとする資料を提出したが、当該資料は、当該表示の裏付けとなる合理的な根拠を示すものであるとは認められないものであった。

[表示例]　痩身効果を標ぼうする表示

出典：消費者庁ウェブサイト（https://www.caa.go.jp/notice/assets/
representation_cms206_210622_1.pdf）別紙より一部抜粋。

（豊胸効果を標ぼうする表示）

●株式会社アクガレージに対する措置命令（消費者庁令和3年11月
9日）

　株式会社アクガレージは、アシスト株式会社と共同して供給する
「ジュエルアップ」と称する食品（以下「本件商品①」という）および
「モテアンジュ」と称する食品の各商品（以下「本件2商品」という）
を一般消費者に販売するに当たり、本件商品について、例えば平成
30年3月4日以降、「Instagram」と称するSNS内のアカウントの投
稿において、本件商品①の容器包装の画像とともに、「＃ジュエル
アップ」、「＃jewelup」、「＃バストアップ」、「＃バストアップ効果」
および「＃胸大きく」等と表示するなどにより、また、本件2商品
について、令和2年10月23日に、「LiSA LIFE」と称するアフィリ
エイトサイトにおいて、「『バスト育ちすぎてヤバい!?』バストアッ
プ＆美容ケアのW効果で簡単に巨乳メリハリボディになる裏技解

禁！」、人物の胸部の画像と共に、「女性のカラダ悩み SP 第 1 位はバスト⁉」、「最先端美容がスゴイ 簡単バストアップ方法」等と表示することにより、あたかも本件 2 商品を摂取することで、豊胸効果が得られるかのように示す表示をしていた。

消費者庁が、同社に対し、期間を定めて、当該表示の裏付けとなる合理的な根拠を示す資料の提出を求めたところ、同社は、期間内に表示に係る裏付けとする資料を提出しなかった。

出典：消費者庁ウェブサイト（https://www.caa.go.jp/notice/assets/representation_20211109_01.pdf）。

コメント

本件の措置命令を行った同日、共同して違反行為を行っていたアシスト株式会社に対しても同内容の措置命令を行っている。

本件は、アフィリエイト広告における表示内容、SNS であるインスタグラムにおける表示内容について、それぞれ上記事業者が表示内容を決定しているとして、上記事業者の表示と認定している。本文でも記載したとおり、「表示をし」た事業者と判断される要件として、当該表示に当該事業者が明示されていることは必要ではない。すなわち、条文上は、事業者が「自己の供給する商品又は役務の取引について」行う「表示」であることが要件であって、その表示に当該事業者の名称や具体的な商品名が明示されていることが要件となるものではない。このため、表示上、事業者名や商品名がなくとも、その事業者が「自己の供給する商品又は役務の取引について」行う「表示」であると認められるのであれば、その表示は、当該事業者の表示となる。

2-5 有利誤認表示

●事例

就職活動を控えた大学生 A は、スーツを購入しようと思っていた。そんな時、紳士服販売事業を行う X 社のテレビコマーシャルで「スーツ・コート・ジャケット 全品半額」との表示を伴う映像とともに「スーツ、コート、ジャケット、全品半額」との音声が流れてきた。これを見て、A は、X 社の店舗に向かい、見栄えのよいある

スーツを買おうとしたところ、そのスーツは表示価格の半額ではなかった。実際にはメンズスーツの表示価格が一定額以上の商品のみが表示価格の半額で販売されており、「全品半額」ではなかったのである。

なお、テレビコマーシャルにおいて、上記の表示より小さな文字で「一部半額にならない商品があります」との記載もされていた。

1 概説

有利誤認表示（5条2号）とは、商品・役務の価格その他の取引条件について、①実際のものよりも取引の相手方に著しく有利であると一般消費者に誤認される表示、②当該事業者と同種もしくは類似の商品もしくは役務を供給している他の事業者に係るものよりも取引の相手方に著しく有利であると一般消費者に誤認される表示である。

①は、価格や数量等の取引条件について、実際のものよりもものすごくお得であると誤認させる表示である。

②は、「競争業者」が提供する商品または役務の価格、数量等よりも自社のものがものすごくお得であると表示しているが、実際にはそうではないというものである。こちらは他社との比較である。

優良誤認表示でも述べたように、あらゆる資源は、有限である。一般消費者は同じ資源を投入するのであれば、自らにとってその瞬間最大の満足が得られるよう、できるだけ品質のよい商品または役務を選択することになる。同じ品質の商品であれば、一般消費者は、より安い価格のものを選択することになる。一般消費者が正しい選択をするためには、表示された価格等の取引条件と実際の内容が一致している必要がある。しかし、表示された取引条件と、実際の内容が異なっていたら、一般消費者の選択は歪められることになる。このため、商品の取引についての不当表示である有利誤認表示を規制する必要がある。

2 「価格その他の取引条件」

「取引条件」とは、商品または役務の内容以外のものを指す。価格のほか、数量、景品類、アフターサービス、保証期間・条件、配送・取付け・回収などの付随的サービス、割賦・決済方法などの取引に係る条件である。その条件内容により一般消費者がとにかく「著しく有利である」（ものすごくお得である）との評価に結び付く可能性があるものである。

3 「取引の相手方に著しく有利」

「取引の相手方に著しく有利」というのは、取引条件自体は事実であっても、「あなただけに」などと特定の取引相手にだけ提供されるお得な条件であるかのように表示しているが、実際には、全員に対して同じ取引条件であった場合などを規制するためのものである。

4 不当な二重価格表示

一般消費者にとって、商品・役務の選択において重要となるのは、その内容のほか、価格である。予算に制約がある中で、複数の同内容・同品質の商品があれば、一般消費者は、その中で一番価格の安いものを選択することになる。このため、有利誤認表示の中でも、特に価格についての不当表示が多い。

価格に関する表示として、例えば、コートについて「当店通常販売価格 29,800 円のところ、セールにつき 19,800 円」と表示しているが、実際には常に 19,800 円で販売している場合があったとする。これも価格について実際のものよりもものすごくお得であると表示しながら、実際にはそうではないということで①の有利誤認に該当する。このように実売価格とそれを上回る価格を比較対照価格として併記することを「二重価格表示」という。

しかし、繰り返しであるが、景品表示法の目的は、「不当な……顧客誘引」を防止するものであるから、二重価格表示そのものが問

題となるものではない。二重価格表示は、それが適正になされていれば、これまでよりも今がお得であるとの情報を顧客に提供するものであり、一般消費者の選択に資するものである。一般消費者は、セール品のコートを目の前にして、「セールにかかるということは、このコートは定番ではないかもしれないが、半額だ。確かに今はオーバーサイズがはやりだけどいつまで続くか分からない。でも、このデザインと色なら、来年でも着られるだろうから、お得になっているし購入しよう」などと自主的かつ合理的に選択することになる。

　二重価格表示が「不当な……顧客誘引」、すなわち不当表示とされるのは、あくまで比較対照価格が架空など実際のものよりも著しく有利と一般消費者に誤認される表示、つまり今ものすごくお得であると表示しているが、実際には、お得ではないという場合である。

　不当な二重価格表示を含め、価格表示についての景品表示法の考え方を明らかにしたものとして「不当な価格表示についての景品表示法上の考え方」（平成12年6月30日公正取引委員会。以下「価格表示ガイドライン」という）がある。

　過去の販売価格を比較対照価格とする二重価格表示が行われる場合について、価格表示ガイドラインは、「比較対照価格がどのような価格であるか具体的に表示されていないときは、一般消費者は、通常、同一の商品が当該価格でセール前の相当期間販売されており、セール期間中において販売価格が当該値下げ分だけ安くなっていると認識するものと考えられる」（価格表示ガイドライン第4の2(1)ア(ア)b）としている。このため、「過去の販売価格を比較対照価格とする二重価格表示を行う場合に、同一の商品について最近相当期間にわたって販売されていた価格とはいえない価格を比較対照価格に用いるときは、当該価格がいつの時点でどの程度の期間販売されていた価格であるか等その内容を正確に表示しない限り、一般消費者に販売価格が安いとの誤認を与え、不当表示に該当するおそれがある」とされている（同）。そして、比較対照価格が「最近相当期間

にわたって販売されていた価格」に当たるか否かは、「当該価格で販売されていた時期及び期間、対象となっている商品の一般的価格変動の状況、当該店舗における販売形態等を考慮しつつ、個々の事案ごとに検討されることとなるが、一般的には、二重価格表示を行う最近時（最近時については、セール開始時点からさかのぼる8週間について検討されるものとするが、当該商品が販売されていた期間が8週間未満の場合には、当該期間について検討されるものとする）において、当該価格で販売されていた期間が当該商品が販売されていた期間の過半を占めているときには、『最近相当期間にわたって販売されていた価格』とみてよいものと考えられる。ただし、前記の要件を満たす場合であっても、当該価格で販売されていた期間が通算して2週間未満の場合、又は当該価格で販売された最後の日から2週間以上経過している場合においては、『最近相当期間にわたって販売されていた価格』とはいえないものと考えられる」との考え方が示されている（価格表示ガイドライン第4の2(1)ア(ウ)）。

　なお、価格表示ガイドラインは、行政庁たる消費者庁（制定当時は、公正取引委員会）の有利誤認表示についての基本的な考え方を示したものである。当然ながら、法令ではないことから、それ自体法規範性を持たない。しかし、有利誤認表示の成否が問題となった民事事件において、「同ガイドラインの内容が本件における判断においても重要性を持つことについては、当事者間に争いがない」ことを前提に、「当裁判所も、同ガイドラインを参酌して検討する」とした裁判例がある（東京高判平成16年10月19日（平16年(ネ)3324号〔株式会社ヤマダ電機対株式会社コジマ事件〕）。

5　解説

　事例は、「スーツ・コート・ジャケット 全品半額」との表示を伴う映像とともに「スーツ、コート、ジャケット、全品半額」との音声による表示がなされていたケースである。このような表示に接した一般消費者は、X社で販売されるスーツ等は全品が半額であると

認識する。「全品半額」との表示は、スーツ等の「商品」の価格である「取引条件」についての表示である。しかし、実際には半額になる商品は限定されていたというものであることから、表示と実際のものに乖離があり、「実際のものよりも取引の相手方に著しく有利であると一般消費者に誤認される表示」として、有利誤認に該当し得る。

　なお、テレビコマーシャルにおいて、上記の表示より小さな文字で「一部半額にならない商品があります」との記載もされていたが、そもそも「全品半額」との表示に対して、小さな文字であり、「一部」とは何か不明であるから、上記の一般消費者が受ける認識に影響を与えるものではない（一部半額にならないものがあることと、「全品半額」は、両立しない。一部半額にならないものがあるのであれば、それと両立しない「全品半額」との表示をすることは、そもそも正しい表示とはいえない）。

6　具体的事例

　最近における有利誤認表示に対する措置命令としては、以下のようなものがある。

(不当な二重価格表示・期間限定表示)

> **●株式会社ハピリィに対する措置命令（消費者庁令和3年9月14日）**
>
> 　株式会社ハピリィは、「七五三前撮りデータセット」または「七五三データセット」と称する撮影プランおよび「七五三前撮りアルバム＆データセット」または「七五三アルバム＆データセット」と称する撮影プランの各役務（以下これらを併せて「本件2役務」という）を一般消費者に提供するに当たり、自社ウェブサイトにおいて、例えば、「七五三前撮りデータセット」または「七五三データセット」と称する撮影プランについて、令和2年5月14日から同年6月29日までの間、「オフシーズンの七五三撮影は断然お得♪ 七五三前撮りキャンペーン 期間：6月1日（月）～7月31日（金）」、「七五三前撮りデータセット」、「対象期間：6月1日（月）～7月31日（金）」、「通常価格38,700円が最大47％Off 19,800円（税抜）土日祝日は

24,800円（税抜）」、「■撮影期間6月1日（月）～7月31日（金）」等と表示するなど、あたかも、「通常価格」と称する価額は、同社において本件2役務について通常提供している価格であり、また、表示された期間内または期限内に撮影した場合に限り、「通常価格」と称する価額から割り引いた価格で本件2役務の提供を受けることができるかのように表示していた。

実際には、「通常価格」と称する価額は、同社において本件2役務について提供された実績のないものであり、また、表示された期間外または期限後に撮影した場合であっても、「通常価格」と称する価額から割り引いた価格で本件2役務の提供を受けることができるものであった。

[表示例] 不当な二重価格表示・期間限定表示

出典：消費者庁ウェブサイト（https://www.caa.go.jp/notice/assets/representation_210914_01.pdf）別紙より一部抜粋。

コメント

本件は、撮影プランという「役務」について、期間限定で、「通常価格」と称する価格よりも安い価格で提供するかのように表示していたが、実際には、「通常価格」と称する価格は、本件役務について提供された実績のないものであり、また、表示された期間経過後も、「通常価格」と称する価額から割り引いた価格で本件役務の提供を受

けることができるものであったというものであり、「不当な二重価格
表示」と「不当な期間限定価格表示」のハイブリッド型となってい
る。

　期間限定価格表示については、表示と実際のものとの間に乖離が
生じるのは、表示された「期間限定」の期間が終了した後である。
表示された期間中と、当該期間経過後で、役務の対価そのものに変
化はない。「この期間だけ安くなる」と表示しながら、実際には、そ
の「期間」経過後も同じ価格であった、すなわち、一般消費者の
「この期間だけ安くなる（この期間だけお得である）」との認識と、「そ
の期間経過後も同じ価格であった」との実際のものとの間に乖離が
生じることから、価格という取引条件について実際のものよりも著
しく有利であるとの誤認（表示された期間だけお得になるわけではな
かった）が生じるものである。

（消費税額についての表示）

> ●有限会社菊池商事に対する措置命令（消費者庁令和 3 年 12 月 16
> 日）
>
> 　有限会社菊池商事は、レギュラーガソリン、ハイオクガソリンお
> よび軽油（以下「本件 3 商品」という）を一般消費者に販売するに当
> たり、例えば、令和 3 年 5 月 31 日に「セルフプレミアム」と称する
> ガソリンスタンドの看板において、「レギュラー129」、「ハイオク
> 139」および「軽油 109」と価格を表示するなど、あたかも、本件 3
> 商品の価格が消費税を含めた価格（以下「税込価格」という）である
> かのように表示していたが、実際には、税込価格ではなかった。
> 　コメント
> 　消費税法 63 条により、「値札」や「広告」などにおいて価格を表
> 示する場合には、消費税相当額（含む地方消費税相当額）を含んだ支
> 払総額の表示を義務付ける「総額表示方式」が実施されている。そ
> のような中で、ガソリンスタンドの看板において、「レギュラー129」
> などとリッター当たりの単価を表示すれば、一般消費者は、当該単
> 価は、総額表示されたもの（税込価格）であると認識する。しかし、
> 実際には、当該表示された価格は、税抜価格（本体価格）であり、取
> 引条件である価格について、消費税分相当額分、一般消費者の認識
> と実際のものに乖離があることから、有利誤認表示に該当するとさ
> れたものである。
> 　なお、看板には、小さく「税別」と記載されていたが、本件役務

［表示例］　消費税額についての表示

出典：消費者庁ウェブサイト（https://www.caa.go.jp/notice/assets/
representation_211216_2.pdf）別紙 1、別紙 2 より一部抜粋。

の表示方法が自動車運転者を対象としたガソリンスタンドの看板で
あったことと、その文字の小ささから、かかる記載があったからと
いって、表示された価格が税込価格であるとの一般消費者の認識に
影響しないとされた。

（月単価を誤認させる表示）

●セブンエー美容株式会社に対する措置命令（消費者庁令和 4 年 3 月
　3 日）

　セブンエー美容株式会社は、自社が運営する店舗においてまたは
自社とフランチャイズ契約を締結する事業者が経営する店舗を通じ
て供給する、全身のうち 62 部位を対象とする脱毛施術に係る役務
（以下「本件役務」という）を一般消費者に提供するに当たり、自社
ウェブサイトにおいて、例えば、令和 2 年 3 月 26 日に、「顔・VIO
含む全身脱毛 62 部位が月額 1,409 円」、「最短 3 カ月で脱毛完了」等
と表示するなど、あたかも、本件役務は最短 3 か月で 62 部位の脱毛
が完了するものであって、3 か月で 62 部位の脱毛が完了した場合の
本件役務の対価の総額は 4,227 円であるかのように表示していたが、
実際には、3 か月で 62 部位の脱毛が完了した場合であっても、本件
役務の対価の総額は 64,790 円以上であった。

［表示例］　月単価を誤認させる表示

出典：消費者庁ウェブサイト（https://www.caa.go.jp/notice/assets/ representation_220303_01.pdf）別紙 1 より一部抜粋。

コメント

　上記措置命令を行った同日、同様の表示を行っていた株式会社ダイシンおよび株式会社エイチフォーに対しても、措置命令を行っている。

　脱毛施術に係る役務について、「月額 1,409 円」との月当たりの価格と、「最短 3 ヵ月で脱毛完了」等と役務の完了期間を表示することによって、一般消費者は、3 か月で 62 部位の脱毛が完了した場合の本件役務の対価の総額は 4,227 円（表示された月当たりの価格 1,409 円×3 か月）であると認識すると判断されたものと考えられる。しかし、実際には、表示された価格は、月当たりの単価ではなく、ローンを組んだ際の 1 回当たりの支払い金額であり、実際には、本件役務の対価の総額は 64,790 円以上になるものであった。

　一般論として、一般消費者は、継続的に提供される役務について、「月額○○円」との表示に接すれば、当該役務の月当たりの単価であると認識するものと思われるのであるから、5 条 2 号の有利誤認に当たり得る。

2-6　指定告示

●事例１

　玩具を販売するＡ社のチラシに「ギフトセット」と称した商品とともにＢ国の国旗や国名を掲載していた。当該チラシを見た消費者がその商品はＢ国産の玩具だと思い購入したところ、実際にはＣ国産であった。

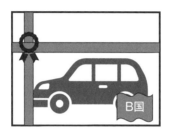

●事例２

　スーパーマーケットのチラシに、「Ｄ店限定、国産○○牛特別セール」と書いてあったので、受注チラシを見た消費者がＤ店に購入しに行ったところ、実際には、○○牛は取扱いがなく、別の××牛のみ取扱いがあり、一般消費者は××牛を購入せざるを得なかった。

1　概説

　指定告示とは以下の表示である（5条3号）。

●景品表示法5条3号

前2号に掲げるもののほか、商品又は役務の取引に関する事項について一般消費者に誤認されるおそれがある表示であつて、不当に顧客を誘引し、一般消費者による自主的かつ合理的な選択を阻害するおそれがあると認めて内閣総理大臣が指定するもの

　事業者が自己の供給する商品または役務を顧客に選んでもらうためには、商品または役務の内容がよいものであり、価格などの取引条件がお得であると表示することが一般的である。商品の効果・効能や役務の品質について優良であることを一般消費者に訴求するような表示もあれば、通常価格やセール前価格といった過去の販売価格を比較対象にして価格を表示することで、お得な取引条件であることを一般消費者に訴求するような表示もある。これらについては、表示された内容と実際のものが異なれば、優良誤認表示および有利誤認表示の禁止の規制対象となり得る。

　他方で、複雑な経済社会においては、数えきれないほどの商品や役務の表示が存在しており、必ずしも商品の内容の優良性や取引条件の有利性に結びつかないが、一般消費者の商品選択に影響を与える事項の表示もある。例えば、ある商品がどの国で生産されたかの表示は、産地ブランド品などでない限り、通常、それ自体直ちに商品の内容の優良性には結びつかないだろう。しかし、一般消費者は、原産国がどこであるかを商品内容の優良性以外の観点から商品選択の際に考慮している場合もあり得る。そのような場合に、事業者が行う商品の原産国についての表示が実際の原産国と異なっていたら、一般消費者に誤認を与える表示といえる。また、例えば事例1のように、実際は、C国産の商品であるのに、パッケージにB国の国旗や国名を表示した場合、その表示に接した一般消費者は、その商品について、B国産のものであると誤認するかもしれない。このような「誤認のおそれ」も一般消費者の合理的な選択を歪めることになるだろう。このように、必ずしも商品の内容の優良性や取引条件の有利性に結びつかないが一般消費者に誤認を与える、ないし誤認

されるおそれのあるすべての表示を優良誤認表示または有利誤認表
示のみで規制することは困難である。

　このような状況に対応するために、5条3号において、商品また
は役務の取引に関する事項について一般消費者に誤認されるおそれ
があり、不当に顧客を誘引し、一般消費者による自主的かつ合理的
な選択を阻害するおそれがあると認められる表示を不当表示として
内閣総理大臣が告示にて指定できるようになっている。

　現在、以下の7つの指定告示が存在する。

●指定告示の一覧

①　無果汁の清涼飲料水等についての表示（昭和48年公正取引委員会
　告示第4号）
②　商品の原産国に関する不当な表示（昭和48年公正取引委員会告示
　第34号）
③　消費者信用の融資費用に関する不当な表示（昭和55年公正取引
　委員会告示第13号）
④　不動産のおとり広告に関する表示（昭和55年公正取引委員会告示
　第14号）
⑤　おとり広告に関する表示（昭和57年公正取引委員会告示第13号）
⑥　有料老人ホームに関する不当な表示（平成16年公正取引委員会告
　示第3号）
⑦　一般消費者が事業者の表示であることを判別することが困難で
　ある表示（令和5年内閣府告示第19号）※施行期日は、令和5年10
　月1日

2　指定告示の要件

⑴　「前2号に掲げるもののほか」

　法制的には、問題となる表示について、優良誤認表示や有利誤認
表示で対応できるのであれば、新たな不当表示を設ける必要はない。
指定告示は、必ずしも商品の内容の優良性・取引条件の有利性に結
びつかない事項、ないしは、一般消費者が誤認に至らない「誤認さ

れるおそれのある」ものを規制するものである。優良誤認表示と有利誤認表示とは異なる行為類型であることを明示するために「前2号に掲げるもののほか」と規定されている。

　もちろん、法制上の行為類型としては別の行為類型であるが、5条3号指定告示の不当表示に該当する表示が、同時に「前2号」の優良誤認表示・有利誤認表示の要件にも該当するとの事実関係があれば、同一事案に対して、指定告示と優良誤認表示等との重畳適用はあり得る。

(2)　「商品又は役務の取引に関する事項」

　優良誤認表示（5条1号）における商品または役務の「品質、規格その他の内容」や、有利誤認表示（同条2号）における商品または役務の「価格その他の取引条件」のどちらも取引に関する事項として5条3号の「商品又は役務の取引に関する事項」に当然含まれるとして、加えて、これらに関係のない事項ないしはこれらに含まれるか疑義のある事項（例えば、国産品であるか外国産品であるか、商品自体を販売しているようにみせかけて実際に販売していない）も含まれる。5条1号および同条2号と比較すると、規制の対象となる取引の範囲は広範なものとなっている。

　結局は、2条4項の「表示」の定義と同じであり（「自己の供給する商品又は役務の内容又は取引条件その他これらの取引に関する事項」下線：筆者）、およそ事業者が自己の供給する商品または役務について行う事項についての表示が対象となるということである。

(3)　「一般消費者に誤認されるおそれがある」

　一般消費者の適正な商品選択の機会の確保を阻害させるような誤認を起こすおそれがある程度の表示であればよいと考えられており、「一般消費者に誤認される」ことまでは必要なく、「おそれがある」程度であれば十分であると考えられている。

3　指定告示の運用状況

　指定告示の近年の運用状況は以下のとおりである。

景品表示法上の問題となりやすい告示は、商品の原産国に関する不当な表示（198件）とおとり広告（79件）に関する表示になる。また、これら2つの指定告示は、業種横断的に規制の対象となるため、より多くの事業者にとって関係がある規制になっている。

　そのため、本項においては、この2つの指定告示について、説明し、令和5年に新たに制定された「一般消費者が事業者の表示であることを判別することが困難である表示」（いわゆるステルスマーケティング告示）の概要についても説明する。

[図表 2-1]　指定告示の運用状況（平成21（2009）年度〜令和3（2021）年度）

	合計	
	措置命令 （排除命令）	指導 （警告、注意）
無果汁の清涼飲料水等についての表示	0	10
商品の原産国に関する不当な表示	9	189
消費者信用の融資費用に関する不当表示	0	1
不動産おとり広告に関する表示	0	7
おとり広告に関する表示	12	67
有料老人ホームに関する不当な表示	1	6

4　商品の原産国に関する不当な表示

(1)　概説

　昭和40年代、衣服や食品については、国産品よりも欧米産品の方が品質がよいとされていた。当時、国産品にもかかわらず欧米産品であるかのように一般消費者を誤認させる問題が多発した。例えば、国産品のセーターの衿ラベルに「Bentley ENGLAND」とあたかも英国製であるかのように表示し、優良誤認表示を認定した事例（公正取引委員会昭和43年8月29日〔株式会社ゴールドスターに対する排除命令〕）等もある。

しかし、一般的には、ある商品がどの国で生産されたかの表示は、通常、それ自体直ちに商品の内容の優良性には結びつかない。

そこで、昭和48年10月に原産国について誤認されるおそれのある表示そのものを不当表示とする告示の指定を行った。

(2) 規定内容

商品の原産国に関する不当な表示（以下「原産国告示」という）とは以下の表示である。

●原産国告示

> 1　国内で生産された商品についての次の各号の一に掲げる表示であって、その商品が国内で生産されたものであることを一般消費者が判別することが困難であると認められるもの（①）
> 　　一　外国の国名、地名、国旗、紋章その他これらに類するものの表示
> 　　二　外国の事業者又はデザイナーの氏名、名称又は商標の表示
> 　　三　文字による表示の全部又は主要部分が外国の文字で示されている表示
> 2　外国で生産された商品についての次の各号の一に掲げる表示であって、その商品がその原産国で生産されたものであることを一般消費者が判別することが困難であると認められるもの（②）
> 　　一　その商品の原産国以外の国の国名、地名、国旗、紋章その他これらに類するものの表示
> 　　二　その商品の原産国以外の国の事業者又はデザイナーの氏名、名称又は商標の表示
> 　　三　文字による表示の全部又は主要部分が和文で示されている表示
>
> 　　　　　　　　　　　　　　※①②は筆者が付したものである。

規制される表示は大きく2つに分けられている。①は国内で生産された商品（国産品）について表示で、外国の国名等が表示されることによって、国内で生産されたものであることを一般消費者が判別することが困難であると認められるものである。逆にいえば、一般消費者に外国で生産されたと誤認されるような表示（例えば、日本国内で生産されたにもかかわらず、イギリス国旗等が表示されている

ため、一般消費者が日本国内で生産されたものであることを判別することができない表示など。もちろん、日本国内で生産されたにもかかわらず、イギリスで生産されたと表示する場合も該当する）を規制している。

②は外国で生産された商品（A国産品）についての表示で、その商品の原産国以外の国（B国）の国名等が表示されることにより、その外国（A国）で生産されたものであることを一般消費者が判別することが困難であると認められる表示である。逆にいえば、その原産国以外の国（B国）で生産されたと誤認されるような表示（例えば、中国で生産されたにもかかわらず、アメリカ国旗等が表示されているため、一般消費者が中国で生産されたものであることを判別することができない表示。もちろん、中国で生産されたにもかかわらず、アメリカで生産されたと表示する場合も該当する）である。

原産国告示は、一般消費者が商品を一見して、当該商品の原産国を判別することは困難であるため、事業者としては実質的には商品に原産国を表示させざるを得ないという点で、原産国の表示を義務付ける規制と考えられがちである。しかし、原産国告示は、例えば、国産品であるにもかかわらず、外国の国旗等の表示をすることによって外国製であると誤認されるような表示を不当表示として告示指定することで、一般消費者が商品の原産国について誤認するような表示を不当表示として規制しているにすぎず、表示そのものに原産国を表示すること自体を義務付けているものではない。

そのため、原産国告示は商品に原産国を表示していない場合にすべからく不当表示として規制するものではなく、原産国を表示していなくても一般消費者が商品の表示内容全体から原産国を認識できる場合は、原産国の表示をしていなくても問題はない。また、事業者に対して、商品に原産国とは異なる外国の国旗や文字等を使用してはいけないという事業活動の規制でもないため、一般消費者がその外国産であると誤認しないように併せて原産国を明示してさえいれば（例えば「○○産」、「△△製」、地名等）、不当表示とはならない。

その他、本告示は商品の原産「国」に関する表示であって、日本国内の産地の偽装表示については対象とならない（この点、単なる産地偽造は、直ちに優良誤認表示に該当しないが、例えば、単なる産地偽装を超えて、特定の産地におけるブランド牛の肉が一般消費者に高く評価されている状況で、ブランド牛でない牛肉をあたかもブランド牛のように表示することは景品表示法により優良誤認表示として規制され得る）。

(3) 原産国の定義

原産国告示においては「『原産国』とは、その商品の内容について実質的な変更をもたらす行為が行われた国をいう」とされている（原産国告示備考1項）。「実質的な変更」とは、商品にラベルを付けること、商品を容器に詰めること、商品を単に組み合わせること、一部の簡単な部品の組立てをすることといった行為ではない。商品の特性によって、「実質的な変更」は異なるため、一概に定義することは困難だが、「『商品の原産国に関する不当な表示』の原産国の定義に関する運用細則」（昭和48年12月5日事務局長通達第14号）において、例えば、洋服については裁縫を行った国が原産国であることや、清涼飲料水については原液を希釈して製造したものにあっては希釈を行った国が原産国であると整理されている。

(4) 原産国告示1項、2項各号の解釈

(i) 「外国の国名、地名、国旗、紋章その他これらに類するものの表示／原産国以外の国名、地名、国旗、紋章その他これらに類するものの表示」（1号）

ある外国の国名、地名、国旗、紋章等を商品に表示する場合、一般消費者にとっては、その表示された国、地域等が原産国であると誤認するおそれがあるため、このような表示を不当表示として規制している。しかし、これらの表示に該当する場合であっても、「イギリス屋」、「イタリア靴店」等のように外国の名称が表示されていても日本の事業者名であることが一般消費者にとって明らかである場合や、「フランスパン」、「ボストンバッグ」等のように商品の名

称に国名が含まれることが通常であって、原産国が外国であること
を示すものでないことが、一般消費者に明らかであると考えられる
場合は、不当表示に該当しないものとされている。

　　(ii)　「外国の事業者又はデザイナーの氏名、名称又は商標の表示／
　　　　原産国以外の国の事業者又はデザイナーの氏名、名称又は商標の
　　　　表示」（2号）

　ある外国の事業者、デザイナー、商標等を商品に表示する場合、
一般消費者にとっては、その表示された事業者、デザイナー、商標
に関連する国が商品の原産国であると誤認するおそれがあるため、
このような表示を不当表示に該当するものとしている。

　　(iii)　「文字による表示の全部又は主要部分が外国の文字で示されて
　　　　いる表示／文字による表示の全部又は主要な部分が和文で示され
　　　　ている表示」（3号）

　一般消費者は、商品に表示されている全部または主要な部分の文
字に使用されている言語と関連する国が商品の原産国であると誤認
するおそれがあるため、このような表示を不当表示に該当するもの
としている。しかし、これらの表示に該当する場合であっても、法
令の規制により、外国の文字で示すことが認められているような場
合（例えば、「ALL WOOL」等）や、一般の商慣習上、英語で表示す
ることが当然の場合（例えば、「size」、「price」等）や、商品の模様、
飾り等のデザインの一部として外国の文字が用いられているにすぎ
ない場合（例えば、バッグにプリントするデザイン等）は、商品の原
産国を誤認させないため、不当表示とはならない。

5　おとり広告に関する表示

(1)　概説

　昭和40年代から50年代にかけて、ある商品を販売しているよう
に見せかけて実はその商品を販売していない、あるいは、販売して
いたとしても在庫が少ないなど、いわゆる「おとり広告」に関する
問題が多く見られた。さらに販売する意思がないもの、そもそも販

売することが不可能なものといったように、優良誤認表示の「品質、規格その他の内容」や、有利誤認表示の「価格その他の取引条件」に当てはまらないだけでなく、両不当表示の要件である「実際のもの」にも必ずしも当てはまらないような表示が見られるようになってきた。

　これらの「おとり広告」については、一般消費者を自己の店舗に誘引し、広告した商品以外の商品を販売するものであると考えられ、このような行為は一般消費者の自主的かつ合理的な商品選択を阻害させるおそれがあるため、昭和57年6月に告示における指定が行われることとなった。

(2)　規定内容

　おとり広告に関する表示（以下「おとり広告告示」という）とは以下の表示である（昭和57年6月10日公正取引委員会告示第13号）。

●おとり広告告示

　　一般消費者に商品を販売し、又は役務を提供することを業とする者が、自己の供給する商品又は役務の取引（不動産に関する取引を除く。）に顧客を誘引する手段として行う次の各号の一に掲げる表示
　　一　取引の申出に係る商品又は役務について、取引を行うための準備がなされていない場合その他実際には取引に応じることができない場合のその商品又は役務についての表示
　　二　取引の申出に係る商品又は役務の供給量が著しく限定されているにもかかわらず、その限定の内容が明瞭に記載されていない場合のその商品又は役務についての表示
　　三　取引の申出に係る商品又は役務の供給期間、供給の相手方又は顧客1人当たりの供給量が限定されているにもかかわらず、その限定の内容が明瞭に記載されていない場合のその商品又は役務についての表示
　　四　取引の申出に係る商品又は役務について、合理的理由がないのに取引の成立を妨げる行為が行われる場合その他実際には取引する意思がない場合のその商品又は役務についての表示

　事業者が自己の供給する商品または役務の販売・提供において、

顧客を誘引するための手段として使われるおとり広告が不当表示として規制されている。おとり広告告示の対象となる事業者は、「一般消費者に商品を販売し、又は役務を提供することを業とする者」とされており、基本的には小売業を行う事業者が対象となっている。対象となる商品・役務は、事業者が販売する商品および役務となるため、およそ一般消費者に販売される商品・役務のすべてが対象となる（不動産に関するおとり広告については、おとり広告告示に先行して別途、指定告示となっているため、おとり広告告示の対象から除外されている）。

(3) おとり広告告示各号の解釈

おとり広告告示各号の解釈については、「『おとり広告に関する表示』等の運用基準」（平成5年4月28日事務局長通達第6号。以下「おとり広告告示運用基準」という）に示されているので参照いただきたい。

(i) 「取引の申出に係る商品又は役務について、取引を行うための準備がなされていない場合その他実際には取引に応じることができない場合のその商品又は役務についての表示」（おとり広告告示1号）

「取引の申出に係る商品又は役務」とは、顧客を誘引するために広告、ビラ等に表示した商品または役務という意味であり、新聞広告、テレビCM、チラシのほか、通信販売、紙上販売の広告、ダイレクトメール、インターネット広告等も含まれる。

「取引を行うための準備がなされていない場合」とは、次のように考えられる。

① 通常は店頭販売されているおとり広告の商品を、店頭の陳列から外す場合
② おとり広告の商品または役務の引渡しに、通常の商品または役務よりも長期を要する場合
③ おとり広告で表示した販売数量の全部または一部について取

引に応じられない場合
④　おとり広告で写真等により表示した商品・役務の全部または一部について取引に応じられない場合
⑤　複数の店舗において販売する旨広告にて表示したが、一部の店舗においておとり広告の商品を取り扱わない場合

　ただし、上記に該当する場合であっても、それが商品または役務の販売・提供事業者の責任ではないと認められ、かつ、おとり広告で表示した商品または役務の取引を行うことを顧客に知らせるとともに、希望する顧客に遅滞なく取引に応じている場合は、不当表示とはならない。
　また、「実際には取引に応じることができない場合」とは、広告された商品が既に売却済みである場合や、広告された商品が処分を委託されていない他人の所有物である場合等が考えられる（おとり広告告示運用基準第2の1-(2)）。

(ii)　「取引の申出に係る商品又は役務の供給量が著しく限定されているにもかかわらず、その限定の内容が明瞭に記載されていない場合のその商品又は役務についての表示」（2号）

　「供給量が著しく限定されている」とは、おとり広告で宣伝されている商品等の実際に販売できる数量が予想される購買数量の半数にも満たないような場合のことである。この購買数量の予想には、過去における同一または類似の商品または役務について、同様の広告等を行った場合の購買数量等の実績を考慮して算定することとされている（おとり広告告示運用基準第2の2-(1)）。
　また、「明瞭に記載されていない場合」とは、ただ、販売数量が限定されている旨のみが記載されているだけでは限定の内容が明瞭に記載されているとはいえず、広告、ビラ等に商品名等を特定した上で、実際の具体的な販売数量が明瞭に記載されていなければならないとされている（おとり広告告示運用基準第2の2-(2)）。
　事業者によっては、複数の店舗で広告された商品または役務を販

売・提供する場合もあるが、そのような場合、原則として、各店舗で実際に販売できる数量を明記する必要がある。中には広告やビラのスペースの事情により、店舗ごとには記載できないのであれば、全店舗での総販売数量に併せて各店舗で販売できる数量が異なることや、最も販売できる数量が少ない店舗の販売数量を記載するなど、一般消費者を誤認させないような表示が必要となる（おとり広告告示運用基準第2の2-(3)）。

(iii) 「取引の申出に係る商品又は役務の供給期間、供給の相手方又は顧客一人当たりの供給量が限定されているにもかかわらず、その限定の内容が明瞭に記載されていない場合のその商品又は役務についての表示」（3号）

「明瞭に記載されていない場合」とは、販売期間、供給の相手方、顧客1人当たりの供給量が限定されている旨のみが記載されているだけでは限定の内容が明瞭に記載されているとはいえない（おとり広告告示運用基準第2の3）。

(iv) 「取引の申出に係る商品又は役務について、合理的理由がないのに取引の成立を妨げる行為が行われる場合その他実際には取引する意思がない場合のその商品又は役務についての表示」（4号）

「取引の成立を妨げる行為が行われる場合」とは、次のような場合である（おとり広告告示運用基準第2の4-(1)）。

① 広告商品を顧客に対して見せない、または広告役務の内容を顧客に対して説明することを拒む場合
② 広告商品に関する難点をことさら指摘する場合
③ 広告商品の取引を事実上拒否する場合
④ 広告商品の購入を希望する顧客に対し、他の商品等の購入を推奨し、顧客が推奨された他の商品等を購入する意思がないと表明したにもかかわらず重ねて推奨する場合
⑤ 広告商品の取引に応じたことにより販売員等が不利益な取扱いを受けることとされている事情の下において他の商品を推奨

する場合

　また、「合理的な理由」がある場合に相当するのは、未成年に酒類を販売しない場合等、客観的に見て合理的理由がある場合のようなことである（おとり広告告示運用基準第2の4-(2)）。

6　事例の解説

(1)　事例1

　事例1においては、玩具を販売するA社のチラシに「ギフトセット」と称した商品とともにB国の国旗や国名を掲載していた。このように実際にはC国産であるにもかかわらず、B国の国旗や国名を掲載していた表示は、チラシにおいて一般消費者が原産国がC国であると識別できないような表示に該当し、原産国告示の規制する不当表示に該当する。

(2)　事例2

　事例2においては、スーパーマーケットのチラシに、「D店限定、国産○○牛特別セール」と書いてあるにもかかわらず、実際には、○○牛は取扱いがなく一般消費者は購入できなかった。これは、取引の申出に係る商品または役務について、取引を行うための準備がなされていない場合その他実際には取引に応じることができない場合のその商品または役務についての表示に当たり、おとり広告告示の規制するおとり広告に該当する。

7　一般消費者が事業者の表示であることを判別することが困難である表示

(1)　概説

　いわゆるステルスマーケティングに対応するためのものである。

　前記2-2の2(3)のとおり、いわゆるステルスマーケティングと呼ばれるような表示、すなわち外形上は事業者とは別の第三者の表示のように見えるが、実際には事業者の表示であるものであれば、

景品表示法の規制対象となり得る。しかし、かかる表示に優良誤認・有利誤認等がない場合、すなわち、表示主体を偽る行為自体は、不当表示に該当しなかったことから、これを規制するため、令和5年3月28日、「一般消費者が事業者の表示であることを判別することが困難である表示」（以下「ステマ告示」という）が新たに5条3号の指定として制定された。

　また、消費者庁では、ステマ告示に関して、法運用の明確化と事業者の予見可能性を確保するため、「『一般消費者が事業者の表示であることを判別することが困難である表示』の運用基準」（令和5年3月28日消費者庁長官決定。以下「ステマ告示運用基準」という）を定めている。

　(2)　規定内容

　ステマ告示の内容は以下のとおりである。

●ステマ告示

> 　事業者が自己の供給する商品又は役務の取引について行う表示であって、一般消費者が当該表示であることを判別することが困難であると認められるもの

　ステマ告示は、「事業者が自己の供給する商品又は役務の取引について行う表示」との要件と、それが「一般消費者が当該表示であることを判別することが困難であると認められるもの」との要件の2つからなる。

　(3)　要件

　　(i)　事業者が自己の供給する商品または役務の取引について行う表示

　この要件は、2条4項および5条柱書の事業者の表示の定義を引用したものであり、ステマ告示の対象を明確化するために引用されているものである。

　当然ながら、事業者の表示という概念は、景品表示法に存在する

ものであって、ステマ告示によって創設されたものではない。

　しかしながら、いわゆるステルスマーケティングとは、外形上は事業者とは別の第三者の表示のように見えるが、実際には事業者の表示であるもの等であり、景品表示法が公正取引委員会所管であった時代から消費者庁所管時以降も含めて、そのような事案に対する「事業者の表示」の判断事例が少ないことからも、ステマ告示運用基準では、この要件についての考え方も明らかにしている。

　すなわち、事業者の表示とされるものは、これまでの判決・解釈を踏まえ、事業者が「表示内容の決定に関与した」とされる場合である。事業者自身が表示を行うものは、当然含まれるし、事業者自身が表示内容の決定に関与の上、第三者に表示を行わせるもの（SNS の投稿、EC サイトのレビュー等）も含まれる。

　もっとも、あくまで表示「内容」の決定に関与であって、表示に対する関与ではないことから、事業者と第三者との間に何らかのかかわりがあるとしても、第三者の表示が、当該「第三者の自主的な意思による表示と客観的に認められるもの」であれば、事業者の表示とはされない。それは、当該第三者の表現行為にすぎないからである。

　ステマ告示運用基準では、具体的な事例ごとに事業者の表示となるもの・ならないものの考え方を明らかにしている（ステマ告示運用基準第 2）。

　　(ii)　一般消費者が当該表示であることを判別することが困難であると認められるもの

　表示内容全体から、一般消費者にとって、事業者の表示であることが明瞭になっていなければ、この要件に該当する。「明瞭になっていない」とは、全く記載がない場合だけでなく、不明瞭に記載されている場合（文字が小さい、表示全体の末尾で分かりにくい、色が他の文字よりも薄くて分かりにくい、ハッシュタグの中に埋もれていて分かりにくい）も含まれる。

　逆に、「広告」である旨が明瞭に表示されている、あるいは、表

示内容全体から一般消費者にとって、事業者の表示であることが明瞭であれば、ステマ告示の対象に該当しない。景品表示法は、特定の情報の記載を義務付けるものではなく、表示内容全体から一般消費者が受ける印象・認識との間の乖離を問題とするものであるから、表示内容全体から、社会通念上事業者の表示であることが明かであるもの（テレビCM、新聞の広告欄、事業者の公式ウェブサイト等）は、「広告」とあえて文字で表示されていなくともステマ告示の対象とはならない。

　ステマ告示運用基準では、具体的な事例ごとに「困難」であるもの、「困難でないもの」についての考え方を明らかにしている（ステマ告示運用基準第3）。

8　具体的事例

(1)　原産国告示

> **●株式会社ビックカメラ及び株式会社ビック酒販に対する措置命令**
> **（消費者庁令和3年9月3日））**
>
> 　株式会社ビックカメラは、177商品（以下「本件商品①」という）を一般消費者に販売するに当たり、「ビックカメラ.com」と称する自社ウェブサイトにおいて、例えば、「ニューバイオシル アクリル ピンク・グリーン KJ312 ピンク・グリーン」と称する商品については、令和元年8月7日から令和3年3月31日までの間、「生産国：中国」と表示していた。
> 　しかし実際には、当該商品の原産国は日本国であるなど、本件商品①の原産国（地）は、表示された国ではなかった。
> 　株式会社ビック酒販は、酒類25商品（以下「本件商品②」という）を一般消費者に販売するに当たり、「お酒の専門店ビック酒販」と称する自社ウェブサイトにおいて、例えば、「ロバート・ヴァイル リースリング ゼクト・エクストラブリュット 2015 750ml［スパークリングワイン］」と称する商品については、平成30年4月4日から令和3年4月1日までの間、産地と誤認されるような部分に「フランス France」と表示していた。
> 　しかし実際には、当該商品の原産国はドイツ連邦共和国であるな

ど、本件商品②の原産国（地）は、表示された国ではなかった。

[表示例]　原産国表示

出典：消費者庁ウェブサイト（https://www.caa.go.jp/notice/assets/
representation_210903_01.pdf）別紙 4 より一部抜粋。

(2)　おとり広告

●株式会社あきんどスシローに対する措置命令（消費者庁令和 4 年 6
　月 9 日）

　　株式会社あきんどスシロー(以下「あきんどスシロー」という）は、
　①　(a)　令和 3 年 9 月 8 日から同月 20 日までの期間において実施
　　　した「世界のうまいもん祭」と称するキャンペーン（以下「本件
　　　企画①」という）において、「新物！ 濃厚うに包み」と称する料

理（以下「本件料理①」という）を一般消費者に提供するに当たり、例えば、同月 14 日から同月 20 日までの間、自社ウェブサイトにおいて、「新物！濃厚うに包み 100 円（税込 110 円）」、「9 月 8 日（水）～9 月 20 日（月・祝）まで！売切御免！」等と表示することにより、あたかも、同月 8 日から同月 20 日までの間、自社が運営する「スシロー」と称する店舗（以下「本件店舗」という）において、本件料理①を提供するかのように表示していた。

　　(b)　実際には、本件料理①の材料であるうにの在庫が本件企画①の実施期間の途中に足りなくなる可能性があると判断したため、令和 3 年 9 月 13 日に、同月 14 日から同月 17 日までの 4 日間は本件店舗における本件料理①の提供を停止することを決定し、本件店舗の店長等に対しその旨周知し、その後、前記決定に基づき、本件店舗のうち 583 店舗において、特定の期間、本件料理①を提供しなかった。

②　(a)　令和 3 年 9 月 8 日から同年 10 月 3 日までの期間において実施した「匠の一皿 独創／とやま鮨し人考案 新物うに 鮨し人流 3 種盛り」と称するキャンペーン（以下「本件企画②」という）において、「とやま鮨し人考案 新物うに 鮨し人流 3 種盛り」と称する料理（以下「本件料理②」という）を一般消費者に提供するに当たり、令和 3 年 9 月 8 日から同月 17 日までの間、自社ウェブサイトにおいて、「とやま鮨し人考案 新物うに 鮨し人流 3 種盛り 480 円（税込 528 円）」、「9 月 8 日（水）～10 月 3 日（日）まで 売切御免！」等と表示することにより、あたかも、同年 9 月 8 日から同年 10 月 3 日までの間、本件店舗において、本件料理②を提供するかのように表示していた。

　　(b)　実際には、本件料理②の材料であるうにの在庫が本件企画②の実施期間の途中に足りなくなる可能性があると判断したため、同年 9 月 13 日に、同月 18 日から同月 20 日までの 3 日間は本件店舗における本件料理②の提供を停止することを決定し、本件店舗の店長等に対しその旨周知し、その後、前記決定に基づき、本件店舗のうち 540 店舗において、特定の期間、本件料理②を提供しなかった。

③　(a)　令和 3 年 11 月 26 日から同年 12 月 12 日までの期間において実施した「冬の大感謝祭 冬のうまいもん」と称するキャンペーンにおいて、「冬の味覚！ 豪華かにづくし」と称する料理（以下「本件料理③」という）を一般消費者に提供するに当たり、例えば、同年 11 月 24 日から同年 12 月 10 日までの間、自社ウェブサイトにおいて、「㊿ 冬の味覚！ 豪華かにづくし 780 円

（税込 858 円）1日数量限定」、「新登場の『三重尾鷲ぶりとろのレアしゃぶ』や、スシローとっておきのかにを集めた『冬の味覚！ 豪華かにづくし』など、冬の味覚を大満喫！ 今だけの旨さを是非ご賞味ください！」、「●対象期間 2021 年 11 月 26 日（金）〜12 月 12 日（日）期間限定！ 売切御免！」等と表示することにより、あたかも、同年 11 月 26 日から同年 12 月 12 日までの間、本件店舗において、本件料理③を提供するかのように表示していた。

　(b) 実際には、本件店舗のうち 583 店舗において、特定の期間、本件料理③を提供するための準備をしておらず、取引に応じることができないものであった。

［表示例］　おとり広告

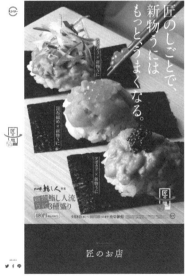

出典：消費者庁ウェブサイト（https://www.caa.go.jp/notice/assets/
representation_cms208_220609_01.pdf）別紙1、別紙3、別紙5より一部抜粋。

契約と表示など

　景品表示法は、一般消費者の利益という公益を確保するための行政法であり、私人間の紛争を解決するための法律ではない。

　まず、主体に関して、景品表示法の規制主体は、「事業者」であり、「その主体の法的性格は問うところではない」（最判平成元年 12 月 14 日（昭和 61 年（オ）655 号〔都営芝浦と畜場事件〕）とされている。事業者による景品表示法違反行為は、表示と実際のものが異なることという事実行為ないしは事実状態であり、当然ながら当事者の意思表示を要素とする契約の締結などの法律行為ではない。また、事業者が供給する商品または役務における「供給」とは、本文記載のとおり、現実の契約関係を踏まえるものの、必ずしも契約などの法律行為そのものではない。

　そして、不当表示の要件事実は、5 条 1 号でいえば、商品の内容について実際のものよりも著しく優良であると示す表示の存在であり、それ自体が不当な顧客誘引、すなわち、不特定多数の一般消費者による自主的かつ合理的な選択を阻害するおそれのある表示と評価されるものであって、個々の当事者の契約の成否とは無関係である。

　一方で、一般的に広告宣伝などの景品表示法上の表示と評価される事業者の表示が、別の法律の要件に該当するとされることはあり得る。

　消費者契約法に係る判例ではあるが、原審が 12 条 1 項および 2 項にいう「勧誘」には不特定多数の消費者に向けて行う働きかけは含まれず、新聞折り込みチラシの配布が「勧誘」に当たるとは認められないと判断したのに対し、「事業者が、その記載内容全体から判断して消費者が当該事業者の商品等の内容や取引条件その他これらの取引に関する事項を具体的に認識し得るような新聞広告により不特定多数の消費者に向けて働きかけを行うときは、当該働きかけが個別の消費者の意思形成に直接影響を与えることもあり得るから、事業者等が不特定多数の消費者に向けて働きかけを行う場合を上記各規定にいう『勧誘』に当たらないとしてその適用対象から一律に除外することは、上記の法の趣旨目的に照らし相当とはいい難い。したがって、事業者等による働きかけが不特定多数の消費者に向けられたものであったとしても、そのことから直ちにその働きかけが法（筆者注：景品表示法）12 条 1 項及び 2 項にいう『勧誘』に当

たらないということはできないというべきである」旨判示した判例（最判平成29年1月24日（平成28年（受）1050号）〔クロレラチラシ配布差止め等請求事件〕）がある。

　民法と商法のように一般法、特別法の関係にあれば、ある事実に対し両法が適用され得る場合には特別法の適用が優先される。そうでない場合には、法律は、それぞれ趣旨・目的が異なるから、両立するものであり、ある事実が複数の法律の要件に該当することがあり得る。

　ここでも肝要なのは、事実と評価を分けることである。正しい問題設定は、「景品表示法の『不当表示』は、消費者契約法の『勧誘』に当たるか」（評価→評価？）ではなく、「景品表示法の『不当表示』に該当する事実は、消費者契約法の『勧誘』に当たるか」（事実→評価）である。

2-7　他法令の表示規制

1　概説

　事業者が行う表示については、様々な法律により、それぞれの法目的に沿った規制がなされている。表示についての規制は、大きく①一定の表示基準を定め、この遵守を求めるものと、②虚偽誇大表示について禁止するものに分かれる。

　①に分類される法律としては、食品表示法、家庭用品品質表示法等がある。これらの法律は、一定の商品、一定の事業者に対し、消費者の商品等選択のために必要な情報の表示の基準を定め、この遵守を義務付けるものである。例えば、食品表示法による「食品表示基準」は、内閣総理大臣が内閣府令で、食品および食品関連事業者等の区分ごとに、名称、アレルゲン、保存の方法、消費期限等のうち当該区分に属する食品を消費者が安全に摂取し、および自主的かつ合理的に選択するために必要と認められる事項を内容とする販売の用に供する食品に関する表示の基準を定めるものである（食品表示法4条1項）。そして、食品表示基準に定められた表示事項が表示

されていない食品（酒類を除く）の販売をし、または販売の用に供する食品に関して表示事項を表示する際に食品表示基準に定められた遵守事項を遵守しない食品関連事業者があるときは、内閣総理大臣等は、当該食品関連事業者に対し、表示事項を表示し、または遵守事項を遵守すべき旨の指示をすることができる（同法6条1項）。この①のタイプは、一定の表示事項を表示しないこと自体が違反となるものであり、その表示内容について、優良だとか有利だとかの価値判断は含まれない。

　他方、景品表示法は、②に分類されるものである。景品表示法以外に②に分類される法律には、特定商取引に関する法律、食品衛生法、健康増進法等のほか、各種事業法がある。例えば、健康増進法は、食品の健康保持増進効果等に関する虚偽・誇大表示を禁止している（健康増進法65条1項）。②のタイプは、原則、広告・表示の内容は自由であるが、事案ごとに表示内容と実際との乖離状況等から、虚偽・誇大と評価・判断される場合に違反となるものである。

　また、法律それぞれの法目的・規制趣旨が異なることから、①、②ともに規制対象とされる主体も異なる。景品表示法は、「商品及び役務の取引に関連する」不当な顧客誘引行為を禁止するものであることから、あらゆる商品または役務を供給する事業者が規制対象となる。食品表示法は、「食品に関する表示が食品を摂取する際の安全性の確保及び自主的かつ合理的な食品の選択の機会の確保に関し重要な役割を果たしていることに鑑み、販売……の用に供する食品に関する表示について、基準の策定その他の必要な事項を定めることにより、その適正を確保し、もって一般消費者の利益の増進を図る」ことを目的としていることから（食品表示法1条）、規制対象は、「食品関連事業者」に限られている。

　景品表示法以外の主な他法令における表示規制は、以下のとおりである。

2 食品表示法

　食品表示法は、「食品に関する表示が食品を摂取する際の安全性の確保及び自主的かつ合理的な食品の選択の機会の確保に関し重要な役割を果たしていることに鑑み、販売……の用に供する食品に関する表示について、基準の策定その他の必要な事項を定めることにより、その適正を確保し、もって一般消費者の利益の増進を図るとともに、食品衛生法……、健康増進法……及び日本農林規格等に関する法律……による措置と相まって、国民の健康の保護及び増進並びに食品の生産及び流通の円滑化並びに消費者の需要に即した食品の生産の振興に寄与すること」を目的とする（食品表示法1条）。

　上述のとおり、食品表示法による「食品表示基準」は、内閣総理大臣が内閣府令で、食品および食品関連事業者等の区分ごとに、名称、アレルゲン、保存の方法、消費期限等のうち当該区分に属する食品を消費者が安全に摂取し、および自主的かつ合理的に選択するために必要と認められる事項を内容とする販売の用に供する食品に関する基準を定めるものである（同法4条1項）。

　そして、食品表示基準に定められた表示事項が表示されていない食品（酒類を除く）の販売をし、または販売の用に供する食品に関して表示事項を表示する際に食品表示基準に定められた遵守事項を

［図表2-2］　一括表示欄の例（卵の表示。パック詰めされているもの）

名　　　称	鶏卵
原　産　地	国産
選別包装者	○○養鶏場株式会社
	○○県××市△△一□□
賞味期限	2022.　6.　20
保存方法	10℃以下で保存
使用方法	生食の場合は賞味期限内に使用し、賞味期限経過後は十分加熱処理してください。

出典：消費者庁「知っておきたい食品の表示」（令和4年1月版）（https://www.caa.go.jp/policies/policy/food_labeling/information/pamphlets/assets/food_labeling_cms202_220131_01.pdf）4頁参照。

遵守しない食品関連事業者があるときは、内閣総理大臣等は、当該食品関連事業者に対し、表示事項を表示し、または遵守事項を遵守すべき旨の指示をすることができる（同法6条1項）。

3　家庭用品品質表示法

家庭用品品質表示法は、消費者が日常使用する家庭用品について品質に関し表示すべき事項やその表示方法等を定めて、それらの品目の品質表示を適正でわかりやすくすることにより消費者利益を保護することを目的としている（家庭用品品質表示法1条）。

消費者の通常生活に使用されている繊維製品、合成樹脂加工品、電気機械器具および雑貨工業品のうち、消費者がその購入に際し品質を識別することが著しく困難で、特に品質を識別する必要性の高いものが、品質表示の必要な「家庭用品」として指定される（同法2条1項）。

表示を行う者は、製造業者、販売業者またはこれらから表示の委託を受けて行う表示業者のいずれかである（同条2項）。

対象品目として指定されたものには、統一した表示のあり方（表示の標準）が定められている。具体的には、成分、性能、用途、取扱い上の注意等の品質に関して表示すべき事項（表示事項）とその表示事項を表示する上で表示を行う者が守らなければならない事項（遵守事項）とが品目ごとに定められている（同法3条）。

内閣総理大臣または経済産業大臣は、表示事項を表示しなかったり、表示の標準どおりの表示をしなかったりする事業者があった場合、決められた表示をするよう「指示」することができる。この指示に従わない場合は、その事業者の名称と表示を行っていない事実や不適正な表示を行っている事実を一般に「公表」することができる（同法4条）

内閣総理大臣は、指示や公表だけでは正しい表示が徹底されず、そのまま放置しては消費者に著しい不利益を与えると認められる場合には、「適正表示命令」ができる（同法5条）。さらに表示のない

ものの販売を禁ずる「強制表示命令」をすることができる（同法6条）。

[図表 2-3]　上衣の表示事項の例
　　　　詰物に羽毛及びポリエステルを使用している上衣

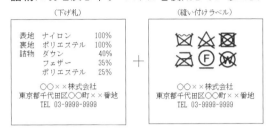

出典：消費者庁ウェブサイト（https://www.caa.go.jp/policies/policy/representation/ household_goods/guide/fiber/fiber_03.html）参照。

4　特定商取引に関する法律

　特定商取引に関する法律は、「特定商取引……を公正にし、及び購入者等が受けることのある損害の防止を図ることにより、購入者等の利益を保護し、あわせて商品等の流通及び役務の提供を適正かつ円滑にし、もつて国民経済の健全な発展に寄与すること」を目的とする（特定商取引に関する法律1条）。例えば、特定商取引のうち、通信販売は、「販売業者又は役務提供事業者が郵便……等により売買契約又は役務提供契約の申込みを受けて行う商品若しくは特定権利の販売又は役務の提供であつて電話勧誘販売に該当しないもの」とされている（同法2条2項）。

　以下、通信販売の広告規制について述べる。

　通信販売において、販売業者または役務提供事業者は、通信販売をする場合の商品もしくは特定権利の販売条件または役務の提供条件について広告をするときは、商品もしくは権利の販売価格または役務の対価（販売価格に商品の送料が含まれない場合には、販売価格および商品の送料）、商品もしくは権利の代金または役務の対価の支払いの時期および方法等一定の事項を表示しなければならない（同法

11 条)。

　また、通信販売における誇大広告等の禁止として、「販売業者又は役務提供事業者は、通信販売をする場合の商品若しくは特定権利の販売条件又は役務の提供条件について広告をするときは、当該商品の性能又は当該権利若しくは当該役務の内容、当該商品若しくは当該権利の売買契約又は当該役務の役務提供契約の申込みの撤回又は解除に関する事項（第15条の3第1項ただし書に規定する特約がある場合には、その内容を含む。）その他の主務省令で定める事項について、著しく事実に相違する表示をし、又は実際のものよりも著しく優良であり、若しくは有利であると人を誤認させるような表示をしてはならない」と定められている（同法12条）。

　そして、主務大臣は、販売業者または役務提供事業者が上記規制に違反した場合、「通信販売に係る取引の公正及び購入者又は役務の提供を受ける者の利益が害されるおそれがあると認めるとき」は、その販売業者または役務提供事業者に対し、当該違反または当該行為の是正のための措置、購入者または役務の提供を受ける者の利益の保護を図るための措置その他の必要な措置をとるべきことを指示することができる（同法14条1項）。

　また、主務大臣は、販売業者もしくは役務提供事業者が上記規制に違反した場合において、「通信販売に係る取引の公正及び購入者若しくは役務の提供を受ける者の利益が著しく害されるおそれがあると認めるとき」、または販売業者もしくは役務提供事業者が指示に従わないときは、その販売業者または役務提供事業者に対し、2年以内の期間を限り、通信販売に関する業務の全部または一部を停止すべきことを命ずることができる。この場合において、主務大臣は、その販売業者または役務提供事業者が個人である場合、その者に対して、当該停止を命ずる期間と同一の期間を定めて、当該停止を命ずる範囲の業務を営む法人の当該業務を担当する役員となることの禁止を併せて命ずることができる。（同法15条1項）。

　さらに、主務大臣は、業務の停止を命ずる場合に、当該販売業者

または当該役務提供事業者が個人であり、かつ、その特定関係法人において、当該停止を命ずる範囲の業務と同一の業務を行っていると認められるときは、当該販売業者または当該役務提供事業者に対して、当該停止を命ずる期間と同一の期間を定めて、その特定関係法人で行っている当該同一の業務を停止すべきことを命ずることができる（同条2項）。

5　健康増進法

　健康増進法は、「我が国における急速な高齢化の進展及び疾病構造の変化に伴い、国民の健康の増進の重要性が著しく増大していることにかんがみ、国民の健康の増進の総合的な推進に関し基本的な事項を定めるとともに、国民の栄養の改善その他の国民の健康の増進を図るための措置を講じ、もって国民保健の向上を図ること」を目的としている（健康増進法1条）。

　同法における誇大表示禁止規制は、「何人も、食品として販売に供する物に関して広告その他の表示をするときは、健康の保持増進の効果その他内閣府令で定める事項……について、著しく事実に相違する表示をし、又は著しく人を誤認させるような表示をしてはならない」とされている（同法65条1項）。内閣府令で定める事項については、健康増進法に規定する特別用途表示の許可等に関する内閣府令19条において、「含有する食品又は成分の量」、「特定の食品又は成分を含有する旨」、「熱量」、「人の身体を美化し、魅力を増し、容ほうを変え、又は皮膚若しくは毛髪を健やかに保つことに資する効果」が定められている。

　そして、内閣総理大臣または都道府県知事は、健康増進法65条1項の誇大表示の禁止規定に違反して表示をした者がある場合において、国民の健康の保持増進および国民に対する正確な情報の伝達に重大な影響を与えるおそれがあると認めるときは、その者に対し、当該表示に関し必要な措置をとるべき旨の勧告をすることができる（健康増進法66条1項）。さらに、内閣総理大臣または都道府県知事

は、勧告を受けた者が、正当な理由なくその勧告に係る措置をとらなかったときは、その者に対し、その勧告に係る措置をとるべきことを命ずることができる（同条2項）。

COLUMN　表示規制の2つのタイプ

　本文で、表示規制は、①一定の表示基準を定め、この遵守を求めるものと、②虚偽誇大表示について禁止するものに分かれると述べた。

　これを卑近な例である学校の制服にたとえれば、次のような感じであろうか。①は、学校指定制服である。「当校の生徒は、当校が定める規格に沿った制服しか着てはいけません」というものである。②は、「当校に制服はありません。原則として何を着てきても構いません。ただし、当校の風紀を著しく害するものは禁止します」というものである。

　①の場合、学校指定の制服以外のものは、一律に禁止される。学校指定制服かどうかの判断もたやすいだろう。②の場合、何が「当校の風紀を著しく害する」とされるかは、個別具体的に判断されることになる。肌の露出面が大きいとか、革ジャンのトゲトゲが人に当たって危ないなどの事実から、当該高校において維持すべき風紀とは何かとの校則の趣旨・目的を踏まえて、個別具体的に判断されることになると考えられる。

　個人的な経験で恐縮であるが、筆者の通った高校は、①のタイプであった。ある日、学校指定マークのついていないズボンを履いていったら、見事に生徒指導の先生に見つかり、ズボンを取り上げられた（代わりに誰が履いたともしれないボロボロのジャージのズボンを渡された）。一律な禁止規定の執行が瞬時になされた瞬間に立ち会うことができたといえる。弁明の機会の付与はなかった。それにしても、あの所有権のはく奪が県立高校の生徒に対する包括的権能だけで正当化されるのかは、今をもって謎である。

第**3**章 景品規制

3-1 概説

　景品表示法自体は、不当表示と違い、景品類の提供自体を禁止していない。景品規制の根拠となる4条は、以下のとおり定める。

●景品表示法4条

> 　内閣総理大臣は、不当な顧客の誘引を防止し、一般消費者による自主的かつ合理的な選択を確保するため必要があると認めるときは、景品類の価額の最高額若しくは総額、種類若しくは提供の方法その他景品類の提供に関する事項を制限し、又は景品類の提供を禁止することができる。

　つまり、同条は、行政（内閣総理大臣）が「不当な顧客の誘引を防止し、一般消費者による自主的かつ合理的な選択を確保するため必要があると認める」ときに、景品類の提供に関する制限・禁止をすることができると定めている。景品類を規制するかどうか、規制するとしてどのような内容のものにするかは、法律上行政に委任されているということである。

　商品または役務の内容等の表示に関しては、表示と実際が正しいことが一般消費者の自主的かつ合理的な選択の前提となることから、表示と実際が異なれば、通常、一般消費者の自主的かつ合理的な選択を阻害するおそれがあることになる。この点は、社会状況等が変化したとしても、一般消費者の意識が変化したとしても、不変であるといえる。

　他方、商品または役務の内容等の表示に実際との間に乖離がない

とすれば、すなわち、商品または役務の内容や取引条件について一般消費者に誤認を与えないのであれば、景品類の提供により、直ちに一般消費者の自主的かつ合理的な選択を阻害するおそれがあることにはならないだろう。このため、法律でこれを禁止するのではなく、社会状況等の変化に応じて、行政が機動的に「不当な顧客の誘引を防止し、一般消費者による自主的かつ合理的な選択を確保するため必要があると認める」ときに、景品類の提供に関する制限・禁止をすることができることにしたものである。

そして、6条1項は「内閣総理大臣は、第4条の規定による制限若しくは禁止……をし、又はこれらの変更若しくは廃止をしようとするときは、内閣府令で定めるところにより、公聴会を開き、関係事業者及び一般の意見を求めるとともに、消費者委員会の意見を聴かなければならない」と定め、同条2項により「前項に規定する制限及び禁止並びに指定並びにこれらの変更及び廃止は、告示によって行うものとする」とされており、景品類の提供に関する制限・禁止については、告示によって行うこととされている。

現在、景品類に関する告示として、2条3項の規定により「景品類」の定義を定める「不当景品類及び不当表示防止法第2条の規定により景品類及び表示を指定する件」（昭和37年公正取引委員会告示第3号。以下「景品類指定告示」という）がある。

そして、4条の規定に基づく景品類の提供に関する制限・禁止に係る告示として、次のものがある。

[図表3-1]　景品類の提供に関する制限・禁止に係る告示

一般的なもの	懸賞による景品類の提供に関する事項の制限（昭和52年公正取引委員会告示第3号）
	一般消費者に対する景品類の提供に関する事項の制限（昭和52年公正取引委員会告示第5号）

特定の業種に係るもの	新聞業における景品類の提供に関する事項の制限（昭和39年公正取引委員会告示第15号）
	雑誌業における景品類の提供に関する事項の制限（昭和52年公正取引委員会告示第4号）
	不動産業における一般消費者に対する景品類の提供に関する事項の制限（昭和58年公正取引委員会告示第17号）
	医療用医薬品業、医療機器業及び衛生検査所業における景品類の提供に関する事項の制限（昭和59年公正取引委員会告示第25号）

3-2 景品類

1 景品類指定告示1項

2条3項は、「景品類」について、以下のとおり定める。

●景品表示法2条3項

> この法律で「景品類」とは、顧客を誘引するための手段として、その方法が直接的であるか間接的であるかを問わず、くじの方法によるかどうかを問わず、事業者が自己の供給する商品又は役務の取引（不動産に関する取引を含む。以下同じ。）に付随して相手方に提供する物品、金銭その他の経済上の利益であつて、内閣総理大臣が指定するものをいう。

これを受けて、景品類指定告示1項で、次のように定められている。

●景品類指定告示1項

> 不当景品類及び不当表示防止法（以下「法」という。）第2条第3項に規定する景品類とは、顧客を誘引するための手段として、方法のいかんを問わず、事業者が自己の供給する商品又は役務の取引に附随して相手方に提供する物品、金銭その他の経済上の利益であつ

て、次に掲げるものをいう。ただし、正常な商慣習に照らして値引又はアフターサービスと認められる経済上の利益及び正常な商慣習に照らして当該取引に係る商品又は役務に附属すると認められる経済上の利益は、含まない。

一　物品及び土地、建物その他の工作物

二　金銭、金券、預金証書、当せん金附証票及び公社債、株券、商品券その他の有価証券

三　きょう応（映画、演劇、スポーツ、旅行その他の催物等への招待又は優待を含む。）

四　便益、労務その他の役務

　景品表示法上の「景品類」の要件は、「顧客を誘引するための手段として」、「事業者」が「自己の供給する商品又は役務の取引に附随して」提供する「物品、金銭その他の経済上の利益」であって、景品類指定告示1項1号から4号までに該当するものと整理することができる。他方、「正常な商慣習に照らして値引又はアフターサービスと認められる経済上の利益」は、景品類に含まれない。

　以下、各要件について、説明する。

2　「顧客を誘引するための手段として」

　景品表示法2条3項の「顧客を誘引するための手段」かどうかは、客観的に顧客誘引のための手段になっているかどうかによって判断される。このため、提供者の主観的意図やその企画の名目のいかんにかかわらない。したがって、例えば、親ぼく、儀礼、謝恩等のため、自己の供給する商品の容器の回収促進のためまたは自己の供給する商品に関する市場調査のアンケート用紙の回収促進のための金品の提供であっても、「顧客を誘引するための手段として」の提供と認められることがある（「景品類等の指定の告示の運用基準について」（昭和52年事務局長通達第7号（以下「景品類指定告示運用基準」という）1(1)）。

3 「事業者」

2条3項の「事業者」と表示規制における「事業者」とは同様である（景品類指定告示運用基準2参照）。

4 「自己の供給する商品又は役務の取引」

2条3項の「自己の供給する商品又は役務の取引」と表示規制における「自己の供給する商品又は役務の取引」とは同様である（景品類指定告示運用基準3参照）。

5 「取引に附随して」

景品表示法の目的が「商品及び役務の取引に関連する不当な景品類……による顧客の誘引を防止」することであることから、景品類とされるためには、事業者が供給するある商品または役務の取引に「付随して」提供されるものである必要がある。当然ながら、事業者が供給するある商品または役務の取引そのものが規制されることはない。したがって、一見2つ以上の商品または役務が提供される場合であっても、商品または役務を2つ以上組み合わせて販売していることが明らかな場合（「ハンバーガーとドリンクをセットで○○円」）、商品または役務が2つ以上組み合わされたことにより独自の機能、効能を持つ1つの商品または役務となっている場合（いわゆる玩菓）等は、2条3条の「取引に付随」する提供に当たらない（景品類指定告示運用基準4参照）。

6 「物品、金銭その他の経済上の利益」

2条3項は「物品、金銭その他の経済上の利益」に当たる場合にはそれは景品類に当たるとし、事業者が、そのための特段の出費を要しないで提供できる物品等であっても、または市販されていない物品等であっても、提供を受ける者の側から見て、通常、経済的対価を支払って取得すると認められるものは、「経済上の利益」に含まれるとされている。ただし、経済的対価を支払って取得すると認

められないもの（例：表彰状、表彰盾、表彰バッジ、トロフィー等のように相手方の名誉を表するもの）は、「経済上の利益」に含まれない。

　また、取引の相手方に提供する経済上の利益であっても、仕事の報酬等と認められる金品の提供、例えば、企業がその商品の購入者の中から応募したモニターに対して支払うその仕事に相応する報酬は、景品類の提供に当たらないとされている（景品類指定告示運用基準5参照）。

7　景品類から除外される経済上の利益

⑴　「正常な商慣習に照らして値引と認められる経済上の利益」

　「正常な商慣習に照らして値引……と認められる経済上の利益」は、景品類から除外されると景品類指定告示1項ただし書は規定している。具体的には、取引通念上妥当と認められる基準に従い、取引の相手方に対し、支払うべき対価を減額すること（複数回の取引を条件として対価を減額する場合を含む。「×個以上買う方には、○○円引き」等）、取引通念上妥当と認められる基準に従い、取引の相手方に対し、支払った代金について割戻しをすること（複数回の取引を条件として割り戻す場合を含む。「レシート合計金額の○％割戻し」等）、取引通念上妥当と認められる基準に従い、ある商品または役務の購入者に対し、同じ対価で、それと同一の商品または役務を付加して提供すること（実質的に同一の商品または役務を付加して提供する場合および複数回の取引を条件として付加して提供する場合を含む（「背広1着買ったらスペアズボン無料」等））である。これらは、原則として、「正常な商慣習に照らして値引……と認められる経済上の利益」に当たるとされる。

　ただし、対価の減額または割戻しであっても、懸賞による場合や、減額しもしくは割り戻した金銭の使途を制限する場合（例：旅行費用に充当させる場合）または同一の企画において景品類の提供とを併せて行う場合（例：取引の相手方に金銭または招待旅行のいずれか

を選択させる場合）、ある商品または役務の購入者に対し、同じ対価
で、それと同じ商品または役務を付加して提供する場合であっても、
懸賞による場合または同じ企画において景品類の提供とを併せて行
う場合（例：A商品の購入者に対し、A商品またはB商品のいずれかを
選択させてそれをさらに提供する場合）は、「正常な商慣習に照らし
て……値引と認められる経済上の利益」に当たらないとされ、原則
どおり景品類の規制の対象となる（景品類指定告示運用基準6参照）。

(2) 「正常な商慣習に照らしてアフターサービスと認められる経済上
の利益」

さらに景品類指定告示1項ただし書は、「正常な商慣習に照らし
て……アフターサービスと認められる経済上の利益」は、景品類か
ら除外されるとする。この「アフターサービスと認められる経済上
の利益」に当たるか否かについては、当該商品または役務の特徴、
そのサービスの内容、必要性、当該取引の約定の内容等を勘案し、
公正な競争秩序の観点から判断される。公正競争規約が設定されて
いる業種については、当該公正競争規約の定めるところを参酌する
とされている（景品類指定告示運用基準7参照）。

(3) 「正常な商慣習に照らして当該取引に係る商品又は役務に附属す
ると認められる経済上の利益」

「正常な商慣習に照らして当該取引に係る商品又は役務に附属す
ると認められる経済上の利益」に当たるか否かについては、当該商
品または役務の特徴、そのサービスの内容、必要性、当該取引の約
定の内容等を勘案し、公正な競争秩序の観点から判断される。また、
商品の内容物の保護または品質の保全に必要な限度内の容器包装は、
景品類に当たらないとされている（景品類指定告示運用基準8参照）。

3-3 懸賞制限告示

1 概説

「懸賞による景品類の提供に関する事項の制限」（昭和52年公正取

引委員会告示第 5 号。以下「懸賞制限告示」という）は、懸賞による
景品類の提供について定める。

　懸賞制限告示については、その運用基準として「『懸賞による景
品類の提供に関する事項の制限』の運用基準」（昭和 52 年事務局長
通知第 4 号。以下「懸賞制限告示運用基準」という）がある。

　「懸賞」とは、くじその他偶然性を利用して定める方法または特
定の行為の優劣または正誤によって定める方法によって、景品類の
提供の相手方（一般消費者）または提供する景品類の価額を定める
ことをいうとされている（懸賞制限告示 1 項）。

　「くじその他偶然性を利用して定める方法」とは、①抽せん券を
用いる方法、②レシート、商品の容器包装等を抽せん券として用い
る方法、③商品のうち、一部のものにのみ景品類を添付し、購入の
際には相手方がいずれに添付されているかを判別できないようにし
ておく方法、④すべての商品に景品類を添付するが、その価額に差
等があり、購入の際には相手方がその価額を判別できないようにし
ておく方法、⑤いわゆる宝探し、じゃんけん等による方法などであ
るとされている（懸賞制限告示運用基準 1 項）。

　「特定の行為の優劣又は正誤によって定める方法」とは、①例え
ば、その年の 10 大ニュースといった応募の際には一般に明らかで
ない事項についての予想を募集し、その回答の優劣または正誤に
よって定める方法、②キャッチフレーズ、写真、商品の改良の工夫
等を募集し、その優劣によって定める方法、③パズル、クイズ等の
解答を募集し、その正誤によって定める方法、④ボーリング、魚釣
り、〇〇コンテストその他の競技、演技または遊技等の優劣によっ
て定める方法（ただし、セールスコンテスト、陳列コンテスト等相手方
事業者の取引高その他取引の状況に関する優劣によって定める方法は含
まれない）などである（懸賞制限告示運用基準 2 項）。

　来店または申込みの先着順によって定めることは、偶然性の要素
がない（行けばもらえる）ことから「懸賞」に該当しない（懸賞制限
告示運用基準 3 項）。

[図表 3-2] 懸賞による景品類の提供の例

| ・ 抽せん券、じゃんけん等により提供 |
| ・ 一部の商品にのみ景品類を添付していて、外観上それが判断できない場合 |
| ・ パズル、クイズ等の解答の正誤により提供 |
| ・ 競技、遊技等の優劣により提供 |

　懸賞により提供する景品類の最高額は、懸賞に係る取引の価額の20倍の金額（当該金額が10万円を超える場合にあっては、10万円）を超えてはならない（懸賞制限告示2項）。

　また、懸賞により提供する景品類の総額は、当該懸賞に係る取引の予定総額の100分の2を超えてはならない（懸賞制限告示3項）。

[図表 3-3] 懸賞により提供する景品類の限度額

取引価額	景品類限度額（①、②両方の限度内）	
	①最高額	②総額
5,000 円未満	取引価額の 20 倍	懸賞に係る売上予定総額の 2%
5,000 円以上	10 万円	

　いわゆる共同懸賞（①一定の地域における小売業者またはサービス業者の相当多数が共同して行う場合、②一の商店街に属する小売業者またはサービス業者の相当多数が共同して行う場合（ただし、中元、年末等の時期において、年3回を限度とし、かつ、年間通算して70日の期間内で行う場合に限る）、③一定の地域において一定の種類の事業を行う事業者の相当多数が共同して行う、各場合において、懸賞により景品類を提供するとき）は、景品類の最高額は30万円を超えない額、景品類の総額は懸賞に係る取引の予定総額の100分の3を超えない額とすることができる（ただし、他の事業者の参加を不当に制限する場合は、この限りでない（懸賞制限告示4項））。

[図表3-4] 共同懸賞の例

・ 一定の地域（市町村等）の小売業者又はサービス業者が共同で実施
・ 中元、歳末セール等、商店街が共同で実施（年3回、年間通算70日まで）

[図表3-5] 共同懸賞の場合における景品類の限度額

景品類限度額（①、②両方の限度内）	
①最高額	②総額
取引価額にかかわらず30万円	懸賞に係る売上予定総額の3%

　また、2以上の種類の文字、絵、符号等を表示した符票のうち、異なる種類の符票の特定の組合せを提示させる方法を用いた懸賞による景品類の提供は、一切禁止される（懸賞制限告示5項）。いわゆるカード合わせの方法による景品類の提供を全面的に禁止するものである。例えば、複数種類のあるイラスト入りカードを外見上は何が封入されているか確認できない状態で商品に付して販売し、特定のカードの組合せをそろえた消費者に対して景品類を提供することなどがこれに当たる。

2　いわゆる「コンプガチャ」

　いわゆるコンプガチャは、懸賞制限告示5項のカード合わせに当たり、全面禁止される。

　「ガチャ」とは、オンラインゲームの中で、オンラインゲームのプレーヤー(以下「消費者」という)に対してゲーム中で用いるキャラクターやアイテム（以下「アイテム等」という）を抽選の方式により供給する仕組みのことである。「コンプガチャ」は、一般的には、「ガチャ」によって、例えば、特定の数種類のアイテム等を全部揃える（「コンプリート」する、または「コンプ」する）と、オンラインゲーム上で使用することができる別のアイテム等を新たに入手できるという仕組みをいう。そして、消費者が対価を支払って抽選に参加する有料のガチャは、オンラインゲームを提供する事業者と消費

者との、オンラインゲーム上のアイテム等に関する取引と認められるところ、有料のガチャを通じて特定の数種類のアイテム等を全部揃えることができた消費者に提供されるアイテム等は、有料のガチャという取引に消費者を誘引するための手段として、当該取引に付随して提供される経済上の利益であって、「便益、労務その他の役務」（景品類指定告示1項4号）に当たるもの、すなわち、景品表示法2条3項の「景品類」に該当する。数種類のアイテム等は、互いに種類が異なるものであり、端末の画面上に表されるそれぞれのアイテム等を示す図柄はそのアイテム等を他の種類のアイテム等と区別する印であり、こうした端末の画面上に表されるアイテム等を示す図柄も、懸賞制限告示5項にいう「符票」に該当する。このように、オンラインゲームの中で有料のガチャを通じて特定の数種類のアイテム等を全部揃えることができた消費者に対して別のアイテム等を提供することも、懸賞制限告示5項にいう「……二以上の文字、絵、符号等を表示した符票のうち、異なる種類の符票の特定の組合せを提示させる方法を用いた懸賞による景品類の提供」に該当し、同項の規定によって禁止されるのである。

3-4　総付制限告示

1　概説

「一般消費者に対する景品類の提供に関する事項の制限」（昭和52年3月1日公正取引委員会告示第5号。以下「総付制限告示」という）は、一般消費者に対して、懸賞によらないで提供する景品類（いわゆる総付景品）について規制するものである。

総付制限告示については、その運用基準として「『一般消費者に対する景品類の提供に関する事項の制限』の運用基準について」（昭和52年事務局長通達第6号。以下「総付制限告示運用基準」という）がある。

[図表 3-6]　懸賞によらないで提供する景品類の例

・　商品の購入者全員にプレゼント
・　来店者全員にプレゼント
・　申込みや来店の先着順にプレゼント

2　規制内容

　景品類の価額は、景品類の提供に係る取引の価額の 10 分の 2 の金額（当該金額が 200 円未満の場合は、200 円）の範囲内であって、正常な商慣習に照らして適当と認められる限度を超えてはならないとされる（総付制限告示 1 項）。

[図表 3-7]　総付景品の限度額

取引価額	景品類の最高額
1,000 円未満	200 円
1,000 円以上	取引価額の 20％

3　「景品類の提供に係る取引の価額」

　総付景品類の限度額計算の基となる「景品類の提供に係る取引の価額」（総付制限告示 1 項）について、総付制限告示運用基準において、以下のとおりとされている（総付制限告示運用基準の 1）。

　購入者を対象とし、購入額に応じて景品類を提供する場合は、当該購入額が「取引の価額」とされる。

　購入者を対象とするが購入額の多少を問わないで景品類を提供する場合の「取引の価額」は、原則として、100 円とされる。ただし、当該景品類提供の対象商品または役務の取引の価額のうちの最低のものが明らかに 100 円を下回っていると認められるときは、当該最低のものを「取引の価額」とすることとし、当該景品類提供の対象商品または役務について通常行われる取引の価額のうちの最低のものが 100 円を超えると認められるときは、当該最低のものを「取引の価額」とすることができるとされている。

購入を条件とせずに、店舗への入店者に対して景品類を提供する場合の「取引の価額」は、原則として、100円とされる。ただし、当該店舗で通常行われる取引の価額のうち最低のものが100円を超えると認められるときは、当該最低のものを「取引の価額」とすることができるとされている。この場合において、特定の種類の商品または役務についてダイレクトメールを送り、それに応じて来店した顧客に対して景品類を提供する等の方法によるため、景品類提供に係る対象商品をその特定の種類の商品または役務に限定していると認められるときはその商品または役務の価額を「取引の価額」として取り扱うものとされている。

　景品類の限度額の算定に係る「取引の価額」は、景品類の提供者が小売業者またはサービス業者である場合は対象商品または役務の実際の取引価格を、製造業者または卸売業者である場合は景品類提供の実施地域における対象商品または役務の通常の取引価格を基準とするものとされている。

　同一の取引に附随して2以上の景品類提供が行われる場合については、次のように判断されるとされている。

- 　同一の事業者が行う場合は、別々の企画によるときであっても、これらを合算した額の景品類を提供したことになる
- 　他の事業者と共同して行う場合は、別々の企画によるときであっても、共同した事業者が、それぞれ、これらを合算した額の景品類を提供したことになる
- 　他の事業者と共同しないで景品類を追加した場合は、追加した事業者が、これらを合算した額の景品類を提供したことになる

4　適用除外

　次に掲げる経済上の利益については、景品類に該当する場合であっても、上記2の規制が適用されないとされる（総付制限告示2項）。

⑴ 「商品の販売若しくは使用のため又は役務の提供のため必要な物品又はサービスであって、正常な商慣習に照らして適当と認められるもの」

「商品の販売若しくは使用のため又は役務の提供のため必要な物品又はサービス」（総付制限告示2項1号）については、当該物品またはサービスの特徴、その必要性の程度、当該物品またはサービスが通常別に対価を支払って購入されるものであるか否か、関連業種におけるその物品またはサービスの提供の実態等を勘案し、公正な競争秩序の観点から判断するとされており、例えば、重量家具の配送、講習の教材、交通の不便な場所にある旅館の送迎サービス、ポータブルラジオの電池、劇場内で配布する筋書等を書いたパンフレット等で、適当な限度内のものは、原則として、総付制限告示の規制対象外とされている（総付制限告示運用基準2項）。

⑵ 「見本その他宣伝用の物品又はサービスであつて、正常な商慣習に照らして適当と認められるもの」

「見本その他宣伝用の物品又はサービス」（総付制限告示2項2号）が総付制限告示の対象になるかどうかについては、見本等の内容、その提供の方法、その必要性の限度、関連業種における見本等の提供の実態等を勘案し、公正な競争秩序の観点から判断することとされている。

　自己の供給する商品または役務について、その内容、特徴、風味、品質等を試食、試用等によって知らせ、購買を促すために提供する物品またはサービスで、適当な限度のものは、原則として、総付制限告示の規制対象とならない。例えば、食品や日用品の小型の見本・試供品、食品売場の試食品、化粧品売場におけるメイクアップサービス、スポーツスクールの1日無料体験などがこれに当たり、規制対象から外れる。ただ、これらの商品または役務そのものを提供する場合には、提供される商品または役務は最小取引単位のものであって、試食、試用等のためのものである旨が明確に表示されていなければならないとされている。

また、社名入りのカレンダーやメモ帳といった事業者名を広告するために提供する物品またはサービスで、適当な限度のものも、原則として、総付制限告示の規制対象とならない。

　他の事業者の依頼を受けてその事業者が供給する見本その他宣伝用の物品またはサービスを配布するものである場合も、原則として、総付制限告示の規制対象外とされている（総付制限告示運用基準3項）。

(3)　「自己の供給する商品又は役務の取引において用いられる割引券その他割引を約する証票であつて、正常な商慣習に照らして適当と認められるもの」

　「自己の供給する商品又は役務の取引において用いられる割引券その他割引を約する証票」（総付制限告示2項3号）が総付告示の対象外になるかどうかについては、「証票」の提供方法、割引の程度または方法、関連業種における割引の実態等を勘案し、公正な競争秩序の観点から判断するとされている。

　「証票」には、金額を示して取引の対価の支払いに充当される金額証（特定の商品または役務と引き換えることにしか使用できないものを除く）並びに自己の供給する商品または役務の取引および他の事業者の供給する商品または役務の取引で共通して用いられるものであり、同額の割引を約束する証票を含むとされている（総付制限告示運用基準4項）。「同額」とは、一定額という意味である。「200円割引」と記された割引券などがこれに当たる。他方で「○％割引」などの取引の価額に応じて割引金額が異なる割引券は「同額」要件を欠き、原則に戻って総付制限告示の規制を受ける。

(4)　「開店披露、創業記念等の行事に際して提供する物品又はサービスであつて、正常な商慣習に照らして適当と認められるもの」

　開店披露、創業記念等の行事に際して提供される物品またはサービスであって、正常な商慣習に照らして適当と認められるものは、総付制限告示の規制対象外とされる（総付制限告示2項4号）。

3-5 業種別告示

1 新聞業における景品類の提供に関する事項の制限

「新聞業における景品類の提供に関する事項の制限」は、新聞の発行または販売を業とする者による、新聞を購読する者に対する景品類の提供を制限している（昭和39年公正取引委員会告示第15号）。

この告示の「新聞」とは、邦字で発行される日刊新聞紙をいうとされている。

⑴ 懸賞景品に関する制限

提供する景品類は、次に掲げる範囲内で、新聞業における正常な商慣習に照らして適当と認められる範囲内でなければならないとされている（新聞業における景品類の提供に関する事項の制限1項）。

① 一般の懸賞の場合（同項1号）
　最高額：取引価額の10倍または5万円のいずれか低い金額（同号イ）
　総　額：取引予定総額の1000分の7（同号ロ）
② 共同懸賞の場合（同項2号）
　懸賞制限告示における共同懸賞の制限と同じである（前記3-3参照）。

⑵ 総付景品に関する制限

提供する景品類は、次に掲げる範囲内でなければならないとされている（新聞業における景品類の提供に関する事項の制限1項3号）。

① 取引価額の100分の8または6か月分の購読料金の100分の8のいずれか低い金額（同号イ）
② 新聞に付随して提供する印刷物であって、新聞に類似するものまたは新聞業における正常な商慣習に照らして適当と認められるもの（同号ロ）

③　その対象を新聞購読者に限定しないで行う催し物等への招待
　　または優待であって、新聞業における正常な商慣習に照らして
　　適当と認められるもの（同号ハ）

⑶　その他

　新聞の発行を業とする者がその新聞の編集に関連してアンケート、
クイズ等の回答、将来の予想等の募集を行い、その対象を自己の発
行する新聞を購読するものに限定しないで懸賞により景品類を提供
する場合には、前記⑴・⑵の規定にかかわらず、当該景品類の価額
の最高額は、3万円を超えない額とすることができるとされている
（新聞業における景品類の提供に関する事項の制限2項）。

2　雑誌業における景品類の提供に関する事項の制限

　「雑誌業における景品類の提供に関する事項の制限」は、雑誌の
発行を業とする者による一般消費者に対する景品類の提供を制限し
ている（昭和52年公正取引委員会告示4号）。

⑴　懸賞景品に関する制限

　懸賞制限告示の制限と同じである（雑誌業における景品類の提供に
関する事項の制限1項1号。前記 3-3 参照）。

⑵　総付景品に関する制限

　総付制限告示の制限と同じである（雑誌業における景品類の提供に
関する事項の制限1項2号。前記 3-4 参照）。

⑶　編集に関連し、かつ、雑誌と一体として利用する教材等の許容

　雑誌の編集に関連し、かつ、雑誌と一体として利用する教材その
他これに類似する物品であって、雑誌の発行をする事業における正
常な商慣習に照らして適当と認められる範囲の景品類の提供は許さ
れている（雑誌業における景品類の提供に関する事項の制限1項3号）。

⑷　その他

　雑誌に募集の内容を掲載して、その雑誌の編集に関連するアン
ケート、パズル等の回答、将来の予想、学力テスト、感想文、写真
等の募集を行い、懸賞により景品類を提供する場合には、上記⑴か

ら⑶までにかかわらず、当該景品類の価額の最高額は、3万円を超えない額とすることができるとされている（雑誌業における景品類の提供に関する事項の制限2項）。

3　不動産業における一般消費者に対する景品類の提供に関する事項の制限

　「不動産業における一般消費者に対する景品類の提供に関する事項の制限」は、不動産の売買、交換もしくは賃貸または不動産の売買、交換もしくは賃貸の代理もしくは媒介を業とする者による、一般消費者に対する景品類の提供を制限している（昭和58年公正取引委員会告示第17号）。

　「不動産」とは、土地および建物をいう。

　⑴　懸賞景品に関する制限

　懸賞制限告示の制限内容と同じである（不動産業における一般消費者に対する景品類の提供に関する事項の制限1号。前記 3-3 参照）。

　⑵　総付景品に関する制限

　懸賞によらないで提供する景品類の価額については、取引価額の10分の1または100万円のいずれか低い金額の範囲でなければならないとされている（不動産業における一般消費者に対する景品類の提供に関する事項の制限2号）。

4　医療用医薬品業、医療機器業及び衛生検査所業における景品類の提供に関する事項の制限

　医療用医薬品の製造または販売を業とする者、医療機器の製造または販売を業とする者および衛生検査を行うことを業とする者は、医療機関等に対して、医療用医薬品、医療機器または衛生検査の取引を不当に誘引する手段として、医療用医薬品もしくは医療機器の使用または衛生検査の利用のために必要な物品またはサービスその他正常な商慣習に照らして適当と認められる範囲を超えて、景品類を提供してはならないと規定されている（「医療用医薬品業、医療機

器業及び衛生検査所業における景品類の提供に関する事項の制限」（昭和
59年公正取引委員会告示25号））。

第**4**章 管理上の措置

●事例

> 飲食店Ａは提供する「天丼」と称する料理について、メニューに「車海老使用」と記載をして、車海老を使った料理であるかのような表示をしていた。しかし、実際には、当該料理は、車海老よりも安価で取引されているブラックタイガーを使ったものであった。飲食店Ａでは、当該料理の提供を開始した当初は、メニュー記載のとおり、車海老を使用していた。その後、諸事情により車海老の仕入れを一時的にやめており、当該料理に用いる材料をブラックタイガーに変更していた。しかし、食材の仕入部門とメニュー表示を作成する調理部門の間で、使用する食材の変更について情報共有が行われておらず、結果的に優良誤認表示に該当し得る表示を行ってしまった。

4-1 概説

26条1項は事業者が講ずべき景品類の提供・表示に関する事項を適正に管理するための措置について以下のとおり定める。

●景品表示法26条1項

> 事業者は、自己の供給する商品又は役務の取引について、景品類の提供又は表示により不当に顧客を誘引し、一般消費者による自主的かつ合理的な選択を阻害することのないよう、景品類の価額の最高額、総額その他の景品類の提供に関する事項及び商品又は役務の品質、規格その他の内容に係る表示に関する事項を適正に管理するために必要な体制の整備その他の必要な措置を講じなければならない。

一般消費者に自己の供給する商品または役務の取引について、景品類の提供を行う事業者は、過大な景品類の提供とならないよう、また、表示を行う事業者は、その表示に不当表示が生じないよう、それぞれ未然防止するための管理上の措置を講じる義務がある（以下、同項による「措置」を「管理上の措置」という）。

　また、26条2項は、以下のとおり定める。

●景品表示法26条2項

> 　内閣総理大臣は、前項の規定に基づき事業者が講ずべき措置に関して、その適切かつ有効な実施を図るために必要な指針（以下この条において単に「指針」という。）を定めるものとする。

　同項に基づき、内閣総理大臣（消費者庁長官）は、管理上の措置の具体的内容を例示した「事業者が講ずべき景品類の提供及び表示の管理上の措置についての指針」（平成26年内閣府告示第276号。以下「管理措置指針」という）を定めている。管理措置指針は、管理上の措置として、講ずべき措置の具体的内容を例示することによって、事業者が適切かつ有効な実施を図ることを目的として定められている。

　また、管理上の措置に対する行政的対応として、消費者庁長官は、その適切かつ有効な実施を図るため必要があると認めるときは、事業者に対し、指導および助言を行うことができる（27条）。また、消費者庁は、事業者が管理上の措置を講じていないと認めるときは、管理上必要な措置を講ずべき旨の勧告を行うことができ（28条1項）、当該事業者が勧告に従わないときは、その旨を公表することができる（同条2項）。

4-2　26条の制定背景

　26条は、平成26（2014）年6月の景品表示法の改正で追加され

たものである。その制定背景には、2013年秋以降に発覚した一連の食品表示偽装問題（いわゆるメニュー偽装表示問題）がある。これは前記の事例のようにホテルのレストラン等において、「車海老を使用した○○」とメニューに記載することにより、あたかもそのメニューに車海老を利用したかのように表示していたが、実際には車海老よりも安価なブラックタイガーを使用していたなどの問題が生じたものである。

　同様の問題が全国的に広がり、また、この問題に併せて、一部の運送業者が食品等の配送における冷凍・冷蔵便について、常温で配送していたことが発覚するなど、業種をまたいで表示の偽装に係る事案が発生し、日本の食に対する消費者の信用を失墜させるおそれのあるものとして、不当表示対策についての社会的関心が高まった。

　これらの問題の主な原因や背景として、事業者のコンプライアンス意識の欠如のほか、景品表示法の趣旨・内容の周知の不徹底が挙げられた。さらに、事業者内部の問題として、メニュー作成部署と調理部署の間での連絡や情報共有といった意思疎通が欠けていることや、事業者内部における表示に関する責任体制が不明確であることなどが挙げられた。

　このような背景の下、一般消費者の自主的な商品選択を確保するためには、何より、不当表示が起こらないことが肝要であるところ、違反行為の未然防止を図るため、事業者が自ら表示の重要性を理解した上で、自発的に不当表示を起こさない体制の整備を促すために、管理上の措置を事業者に義務付けることとなった。

4-3　管理措置指針

1　概説

　景品表示法は、あらゆる商品または役務を対象に、不当表示などの不当顧客誘引行為を防止することを目的としている。26条1項は、一般消費者に対して、自己の供給する商品または役務に関して景品

類の提供や表示を行う事業者であれば、その対象となる。しかし、例えば、飲食店を展開する事業者とインターネット上のサービスを提供する事業者では、事業形態が異なっており、また、数千名の従業員を抱える大企業と数十名の従業員を抱える中小企業では、管理上の措置を講じるために使えるリソースにも大きな差がある。

このような事業者の業態や規模の違いを踏まえ、景品表示法においては管理上の措置を講ずる義務付けをしたものの、措置の内容は具体的に義務付けせず、不当表示を未然防止する観点から行われるものであれば、事業者の判断で自発的に対応できるようにしている。一方で、事業者がどのような具体的な措置を講ずればいいのか分からなくなってしまうことを防止するため、事業者の予見可能性を高めるよう、26条2項に基づき、管理措置指針を策定している。

そのため、管理措置指針の特徴として、記載のある措置内容について画一的に事業者にその内容の実施を求めるものではなく、あくまでも示されたものは例示であって、事業者は自らの規模、業態、取り扱う商品または役務の内容等に応じて、事業者の自己責任において、柔軟に措置内容を判断することになる。

また、管理措置指針においては、事業者が管理すべき表示の範囲についても明確化している。近年のインターネット広告の発展により、事業者は自らの広告を第三者であるアフィリエイターに委託して作成してもらうことが増加してきており、このような第三者に委託して作成する表示についても、広告主である事業者が管理するものとして整理している。

2　主な内容

管理措置指針では、事業者が講じるべき管理上の措置として、主に以下の(1)から(7)までを例示している（管理措置指針第4）。

(1)　景品表示法の考え方の周知・啓発

景品表示法の考え方について、表示等に関係する役員や従業員が、それぞれ表示等への関与の程度に応じて、理解することが必要であ

り、そのために必要な周知や啓発を行うことが考えられるとする。

　具体的な措置内容として、表示等に関係する役員や従業員が、景品表示法に関する講習会等に参加することなどが考えられる。

　⑵　法令遵守の方針等の明確化

　法令遵守の方針や法令遵守のために採るべき手段を明確化することが必要である。ただし、ここでいう法令遵守とは、事業者である以上、当然に求められるものであり、必ずしも一般的な法令遵守の方針等に加えて、不当表示等を防止する目的に特化した法令遵守の方針を明確化することを求めるものではない。事業者において既に一般的な法令遵守の体制を構築できているのであれば、本項目にも対応できると考えられる。

　具体的な措置内容としては、法令遵守の方針や、不当表示等が生じた場合の連絡体制・商品の回収方法・関係行政機関への報告手順等を社内規程等として定めることが考えられる。

　⑶　表示等に関する情報の確認

　とりわけ、商品または役務の長所や要点を一般消費者に訴求するために、その内容等について積極的に表示を行う場合には、当該表示の根拠となる情報を確認することが必要であるとする。そして、その確認がなされたかといえるかどうかは、表示等の内容、その検証の容易性、その事業者が払った注意の内容・方法によって個別具体的に判断されることとなる。

　具体的な措置内容としては、企画・設計・調達・生産・製造・加工等が仕様書や企画書と整合しているかどうかを確認することや、製品等の提供段階で表示の根拠を確認して最終的な表示を検証することなどが考えられる。

　⑷　表示等に関する情報の共有

　前記⑶で確認した表示に関する情報を、関係する各組織部門において、必要に応じて、共有し確認できるようにすることが必要であるとする。表示等の作成に、複数の部署がかかわる場合、情報共有が適切に行われないと不当表示等が発生する可能性がある。

具体的な措置内容としては、表示等に影響を与え得る商品または役務の内容の変更を行う場合、担当部門が速やかに表示等担当部門に当該情報を伝達することなどが考えられる。

⑸　表示等を管理するための担当者等を定めること

　表示等に関する事項を適正に管理するために表示等管理担当者をあらかじめ定め、表示等管理担当者は、表示の根拠となる情報を自ら確認したり、表示が適正に作成されていたりするかを監督する必要があるとする。

　具体的な措置内容としては、担当者または担当部門を指定し、その者が表示等の内容を確認することや、表示等の内容や商品カテゴリごとに表示等を確認する者を指定し、その者が表示等の内容を確認することが考えられる。

⑹　表示等の根拠となる情報を事後的に確認するために必要な措置を採ること

　前記⑶で確認した表示等に関する情報を、一定期間、事後的に確認できるようにすることが必要であるとする。そこで、7条2項の規定に基づく表示の裏付けとなる合理的な根拠となる提出に備えるのみならず、一般消費者からの問い合わせ等に対応するための備えとして、例えば、表示物等の保管等の必要な措置が考えられる。

　具体的な措置内容としては、原材料・原産地・品質・成分等に関する表示であれば、企画書・仕様書・契約書等の取引上の書類などが考えられ、それらを合理的と考えられる期間（例えば、保証期間内など）保管することが考えられる。

⑺　不当な表示等が明らかになった場合における迅速かつ適切な対応

　不当表示等のおそれがある事案が発生した場合、迅速かつ適切に対応するとともに、一般消費者の誤認排除を迅速に行い、さらに再発防止措置を講じることが考えられる。

　具体的な措置内容としては、事実関係を迅速かつ正確に確認する例として、表示等管理担当者等が、表示等の根拠となる情報を確認するとともに、関係従業員等から事実関係を聴取することなどが考

えられる。

4-4 事例の解説

　食事の提供という役務を提供する事業者である飲食店Aが、自社が提供する「天丼」と称する料理のメニュー表示について、役務の長所（事例でいえば車海老を使用しているという料理の内容）を一般消費者に訴求するために、その内容について積極的に表示を行っているにもかかわらず、実際には、車海老ではなくブラックタイガーを使用していたということで、事業者として、当該表示の根拠となる情報の確認が不十分であったといえる。これは、前記4-3の2(3)の「表示等に関する情報の確認」が十分に行われていないことが原因と考えられる。また、材料の仕入部門と料理を提供する調理部門やメニュー表示作成部門において、当該役務の表示等に関する情報の共有がなされていなかったことが上記の原因であると考えられる。これは、前記4-3の2(4)の「表示等に関する情報の共有」が不十分であったことが考えられる。

　以上から、飲食店Aは、事業者が講じるべき管理上の措置を講じていなかったといえ、消費者庁は、必要な措置および助言（27条）や表示の管理上必要な措置を講ずべき旨を勧告（28条）することができる。

4-5 具体的事例

　現時点において、事業者が講じるべき管理上の措置について、事業者が28条1項の消費者庁長官による勧告に従わないとして、同条2項の規定に基づき、公表を行った事例はないが、指導が行われた事例はある。

　消費者庁では、毎年度景品表示法の運用状況を取りまとめて公表しているところ、管理上の措置に関し、消費者庁長官により指導が

行われた事例の概要が紹介されている。

　令和3年度において消費者庁長官により27条に基づき指導が行われた事例としては、例えば①原産国表示について自社ウェブサイトにおいて実際と異なる表示をしていたところ、当該表示の根拠となる情報を確認していなかった事例、②優良誤認表示について景品表示法の考え方の周知啓発・法令遵守の方針等の明確化・表示等を管理するための担当者等を定めることを行っておらず、自社ウェブサイトにおいて当該商品の効果について、表示の根拠となる情報を確認していなかった事例、③優良誤認表示について不当な表示等が明らかになった場合における迅速かつ適切な対応を行っておらず、アフィリエイトサイトにおいて当該商品の効果について、表示の根拠となる情報を確認していなかった事例、④景品事件について景品表示法の考え方の周知啓発・法令遵守の方針等の明確化・景品類の提供等を管理するための担当者等を定めること・不当な景品類の提供等が明らかになった場合における迅速かつ適切な対応を行っておらず、違法とならない景品類の価額の最高額・総額・種類・提供の方法等を確認していなかった事例がある（消費者庁「令和3年度における景品表示法の運用状況及び表示等の適正化への取組」令和4年8月25日公表）。

| COLUMN | コンプライアンス（法令遵守）について

　法律とは、主権者である国民（憲法前文1項、1条）を代表する議員で構成された国会によって制定されるものである（同法43条1項、41条、59条）。法律の制定根拠ないし正当性は、主権が国民にあることにあるといえ、一般的に、国民は、法律を遵守すべきであるといえる。また、事業者である法人も社会的実体として、性質上可能な限り憲法で保障される人権の享有主体性が認められるところ、法律を遵守すべきであるといえる。

　ここで、管理措置指針が景品表示法に規定された事業者が講じるべき管理上の措置であるといっているのも、景品表示法も国会で制定された法律の1つであり、端的に景品表示法に係る法令遵守体制

を整備すべきといっているにすぎない。景品表示法にこのような規定がなくとも、上記のとおり、国民は、そもそも法律を遵守すべきである。また、他法令においても、株式会社であれば、会社法上、取締役には、忠実義務（会社法355条）・善管注意義務（同法330条、民法644条）が課せられており、同法355条において取締役が遵守すべきとされる「法令」とは、会社を名宛人とする法令を含むと解されている（「商法その他の法令中の、会社を名あて人とし、会社がその業務を行なうに際して遵守すべきすべての規定もこれに含まれるものと解するのが相当である。けだし、会社が法令を遵守すべきことは当然であるところ、取締役が、会社の業務執行を決定し、その執行に当たる立場にあるものであることからすれば、会社をして法令に違反させることのないようにするため、その職務遂行に際して会社を名あて人とする右の規定を遵守することもまた、取締役の会社に対する職務上の義務に属するというべきだからである」最判平成12年7月7日（平成8年（オ）270号））から、当然に景品表示法も含まれるものである。

　さらに、大会社である取締役会設置会社（会社法362条5項）の場合、取締役会は、「取締役の職務の執行が法令及び定款に適合することを確保するための体制」（いわゆる内部統制システム）を講じる必要があるところ（会社法362条4項6号）、会社法施行規則100条1項4号において、同「体制」として「当該株式会社の使用人の職務の執行が法令及び定款に適合することを確保するための体制」が挙げられている。景品表示法上の管理上の措置を講じることと、会社法によるこれらの規律とは、軌を一にするものである。

第5章 違反事件の調査手続と措置等

5-1 概説

　法律は、基本的に要件と効果で成り立っている。景品表示法でいえば、事業者に該当する者が5条で禁止される不当表示を行った場合には、7条1項の規定に基づき、消費者庁長官は、行政処分である措置命令を行うことができる。消費者庁長官が措置命令を行うためには（そのような権限発生の効果が生じるためには）、その主体が2条1項に規定する事業者に該当し、当該事業者が5条違反行為に該当する事実を行っていたことを認定（要件充足）する必要がある。過去の事実は、目に見えない。過去の事実の有無を判断するためには、過去の事実の痕跡である証拠から事実を認定する必要がある。この過去の事実を認定するための証拠を収集する手続が調査手続である。

　また、消費者庁が違反被疑事件を調査するためには、事件の端緒を入手する必要がある。消費者庁は、個別事件の端緒を得て、調査を行い、調査結果を踏まえた事実に基づき、措置をとることになる。

> **●令和5年の景品表示法改正法について**
>
> 　令和5（2023）年5月10日に、「不当景品類及び不当表示防止法の一部を改正する法律」（令和5年法律第29号。以下「令和5年改正法」という）が制定され、同月17日に公布された。令和5年改正法は一部の改正規定を除き、公布の日から1年半以内の政令で定める日から施行される予定である。令和5年改正法は、いわゆる確約手続の導入、繰り返し違反を行った事業者

に対する課徴金算定率の割り増し、優良誤認表示・有利誤認表示に対する罰則規定の導入、措置命令に係る送達規定の整備など、主に景品表示法違反行為に対する手続の整備を内容とする。

景品表示法は、直近では平成26（2018）年に改正されており、その際の附則では、施行後5年の見直し規定が設けられている。この改正は平成28（2020）年4月に施行されており、既に施行後5年が経過しているところである。また、景品表示法が制定された当時の昭和37（1962）年と現在とでは、大きく社会状況が変化している。特に、近年のデジタル化の進展により、電子商取引が盛んとなり、これに対応して、事業者が行う広告表示もインターネット広告の市場規模がマスメディア媒体（テレビ・新聞・ラジオ・雑誌）の広告市場規模を越えるなどして、メインプレイヤーとなった。電子商取引の進展により、国際的な取引も盛んに行われている。このような中、景品表示法は事業者が行う表示についての一般法であるところ、一般消費者の利益の確保を図る観点から、社会状況の変化に対応するため、今般改正するに至ったものである。

以下、令和5年改正法の内容の概要についても紹介したい。

5-2　端緒

端緒とは、事件調査のきっかけとなる情報である。一般からの情報提供、消費者庁職員等が自ら発見する職権探知がある。また、9条に基づく事業者からの消費者庁長官に対する課徴金対象行為に該当する事実の報告も端緒となる。

[図表 5-1]　調査件数等の推移

(単位：件)

年度		令和元年度	令和 2 年度	令和 3 年度
前年度からの繰越し		212	151	169
新規件数	職権探知	44	95	65
	情報提供[注1]	225 （10,645）	191 （11,650）	138 （12,503[注2]）
	自主報告[注3]	11	3	2
	小計	280	289	205
調査件数		492	440	374
処理件数	措置命令	40	33	41
	指導	205	176	172
	都道府県移送	29	21	19
	協議会処理	27	21	18
	打切り等	40	20	39
	小計	341	271	289
次年度への繰越し		151	169	85

出典：消費者庁「令和 3 年度における景品表示法の運用状況及び表示等の適正
化への取組」（令和 4 年 8 月 25 日。https://www.caa.go.jp/notice/entry/028794/）

（注1）　外部から提供された情報に基づき、景品表示法違反被疑事案として処
　　　　理することが適当と思われた事案数。括弧内の数字は外部から提供され
　　　　た情報の総数。
（注2）　このうち食品表示に関係する内容（外食等、役務に分類されるものは含ま
　　　　ない。）が含まれる情報数は 506 件。
（注3）　景品表示法第 9 条の規定に基づく自主報告のうち、景品表示法違反被
　　　　疑事案として処理することが適当と思われた事案数。
（注4）　単位は、「情報提供」欄のかっこ内の数値は情報数であり、それ以外は
　　　　事案数。

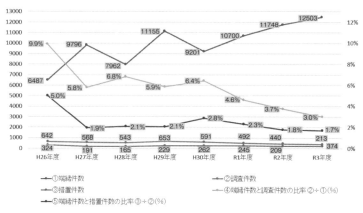

出典：消費者庁ウェブサイト（https://www.caa.go.jp/policies/policy/representation/
meeting_materials/assets/representation_cms212_220315_05.pdf）67 頁より一
部抜粋の上一部修正・加工。

5-3　調査権限

　消費者庁長官は、措置命令、課徴金納付命令または事業者が講じ
るべき管理上の措置に係る勧告を行うため必要があると認めるとき
は、当該事業者もしくはその者とその事業に関して関係のある事業
者に対し、①その業務もしくは財産に関して報告をさせ、②帳簿書
類その他の物件の提出を命じ、③その職員に、当該事業者もしくは
その者とその事業に関して関係のある事業者の事務所、事業所その
他その事業を行う場所に立ち入り、帳簿書類その他の物件を検査さ
せ、関係者に質問させることができる（29 条 1 項）。これらは、法
律の規定に基づく調査権限であり、報告拒否等は、刑事罰の対象と
なる（37 条、38 条 1 項 2 号、2 項 2 号）。

　行政調査においても、法の一般原則である比例原則が妥当する。

景品表示法違反被疑事件の調査においても、比例原則の観点から、相手方が任意に調査に応じる場合には、そもそも上記の調査権限を行う必要はないため、上記の調査権限ではなく、任意の報告依頼等も行われる。

このようにして入手した証拠から不当表示等に該当する事実を認定することになる。

なお、消費者庁には、地方機関がない。このため、景品表示法において、消費者庁長官は、政令で定めるところにより、内閣総理大臣から消費者庁長官に委任された権限の一部を公正取引委員会に委任することができる（33条2項）。そして、景品表示法施行令15条本文において、法29条1項の規定による権限、すなわち、上記の消費者庁長官に認められている調査権限が公正取引委員会に委任されている。ただし、消費者庁長官が自らその権限を行使することは妨げられない（同条ただし書）。公正取引委員会において実際に調査を行うのは、同委員会事務総局の地方事務所・支所である。令和3年度に消費者庁は、41件の措置命令を行っている。そのうちの12件が公正取引委員会事務総局地方事務所等が行った調査結果を踏まえたものである。地方機関のない消費者庁の景品表示法の執行において、公正取引委員会事務総局地方事務所等の存在は、欠くことのできないものとなっている。

5-4　措置命令

1　概説

消費者庁長官は、4条の規定による制限もしくは禁止または5条に違反する行為があるときは、当該事業者に対し、「その行為の差止め若しくはその行為が再び行われることを防止するために必要な事項又はこれらの実施に関連する公示その他必要な事項」を命じることができる（措置命令。7条1項）。具体的には、不当表示が続いている場合には、その差止めを命じるほか、不当表示により生じた

一般消費者の誤認を排除するため一般消費者への周知徹底、再発防止策を講じた上でその自社役員・従業員への周知徹底、同様の違反行為を行わない旨の不作為などを命じる。

措置命令に従わない場合には刑事罰の対象となる（36条、38条、39条）。

措置命令は、都道府県知事も行うことができる（33条11項、景品表示法施行令23条1項）。都道府県知事が行う景品表示法に係る事務は、「自治事務」である（地方自治法2条8項）。したがって、都道府県知事は、自らの意思と責任により、景品表示法の執行を行っており、国が管理監督できるものではない。地方自治の本旨（憲法92条）に基づき、地方公共団体は、自ら「行政を執行」するものであるからである（同法94条）。

●令和5年改正法による確約制度の導入

事業者の自主的な取組の促進を通じて違反被疑行為を早期に是正することを目的として、もって早期に一般消費者の利益の保護を図るため、確約手続が導入された（令和5年改正後26～33条）。

確約手続は、既に独占禁止法に導入されているものである。景品表示法においても、独占禁止法の確約手続を参考に、①内閣総理大臣からの被疑行為の事業者への通知、②事業者からの是正措置計画の申請、③内閣総理大臣による是正措置計画の認定のプロセスからなる。

認定の法的効果は、事業者には、是正措置計画に沿った措置を講じる義務が生じるとともに、内閣総理大臣（消費者庁長官）は、当該違反被疑行為について、措置命令および課徴金納付命令をしないというものである（令和5年改正後26条、32条）。また、内閣総理大臣は、計画に従って措置が実施されていないと認めるときまたは認定を受けた者が虚偽もしくは不正の事実に基づいて当該認定を受けたことが判明したときは、当該認定を

取り消さなければならない（令和5年改正後29条1項、33条1項）。この場合には、調査再開の上、違反行為が認定されれば、措置命令等を行うことになる。

COLUMN　景品表示法は消費者問題に万能か

　景品表示法の執行によって確保されるべき一般消費者による自主的かつ合理的な選択とは、商品および役務の取引に関する選択であると考えられる。そのように考えると、景品表示法は、商品または役務の適正な取引（いわばまっとうな事業活動）が存在することを前提に、あくまで不当な「表示」といった「不当顧客誘引行為」を排除することを目的としている。このような目的からすれば、そもそも商品または役務に実態がない、いわゆる詐欺的商法の場合には、不当な表示を排除しても、確保されるべき商品および役務の取引に関する一般消費者の選択が存在しないとも考えられる。このため、このような詐欺的商法に対して、景品表示法は適用できないとも思われる。

　しかし、この点、景品表示法が独占禁止法の特例法であった際の裁判例であるが、詐欺的な金地金商法を行っていた事業者に対する国の不作為の違法が問われた国家賠償請求訴訟において、景品表示法の規制対象となる「事業者」について、「反復継続して経済的利益の交換を行う者というだけでなく、公正且つ自由な競争の主体たりえる者、すなわち、事業内容が独禁法の目的である公正且つ自由な競争の促進を図る余地のあるものを行う者でなければならないところ、豊田商事は、極めて、反社会性の強い違法不当な手段を用いて一貫して虚業を営んでいたのであるから、およそ、独禁法等が予定する経済事業を行っていたものとは認められず、したがって、豊田商事は独禁法等が規制対象とする『事業者』に該当しない」との被控訴人（国側）の主張に対し、「『事業者』の意義や範囲を確定するに当たっては、専ら、競争秩序に影響を及ぼす経済的支配従属関係が生じうる経済的活動の主体であるかどうか、すなわち、反復継続して経済的利益の交換を行っているか否かを基準にすべきであって、その主体の法的性格はもとより、主観的な目的を問わないというべきである。……豊田商事は、金地金の裏付けがなく、また、契約ど

おりに償還することができないにもかかわらず、反社会的なセールストークを駆使して、これがあるかのように装い、顧客に金銭を交付させる詐欺的商法を行っていたものであることが明らかであるが……顧客との間で経済的利益の交換を行い、その経済活動が競争秩序に影響を及ぼす者である以上、独禁法及び景表法の規制対象である『事業者』に該当するというべきであって、豊田商事の主観的目的を問題にする被控訴人の主張は、独自の見解であって採用できない」と判示している（大阪高判平成10年1月29日（平成5年㈱2733号）〔豊田商事国家賠償請求大阪訴訟〕）。当時の景品表示法は、公正競争確保が目的であったから、被控訴人の主張を「『事業者』とは、事業内容が景表法の目的である商品又は役務の取引に関連する一般消費者の自主的かつ合理的な選択の確保を図る余地のあるものを行う者でなければならない」と置き換えた場合にも、この判示は当てはまると考えられる。詐欺的商法であるということは、所詮は事業者の主観の問題であり、景品表示法の規制対象となる「事業者」としては、客観的に経済活動を行っているといえるかどうかだけで判断されることになるものと考えられる。

　この裁判例を踏まえると、瑕疵ある意思表示による契約などによる消費者被害の発生・拡大防止策としてのみならず、詐欺的商法による消費者被害の発生・拡大防止策としても、景品表示法による不当表示規制には、一定の事実上の効果があるのではないかとも考えられる。

　もっとも、景品表示法違反を理由とする措置命令では、違反と認定された不当表示の排除に係る措置しか行えず、商品そのものや事業活動そのものに何らかの制約を課すものではない。このため、例えば、事業者が国民の生命・身体に被害を与えるような安全性を欠く商品について、その商品が安全である旨の表示を行った場合、条文解釈上は当該表示が景品表示法上の不当表示に該当し得るとしても、表示を改善させることが当該事案に応じた妥当な解決策であるとは思われない。また、詐欺的商法における表示を景品表示法で対応した場合、問題があるとされた特定の表示さえ直せば、景品表示法上は許容される活動であって社会的に継続しても問題はないと誤解されるおそれもある。

　しかし、景品表示法上は問題がないからといって、詐欺的商法のようなものは、表示を改善させるといった問題ではなくそもそも市場に存在させるべきではないと解される。各法律には、それぞれ趣

旨・目的があり、その趣旨・目的に応じた手段が用意されている。それぞれ得意分野、不得意分野がある。ひとえに刃物といっても、魚をさばくのと、肉を切るのでは、それぞれに適したものがちがうのと同じである。消費者問題・被害への対応は、事案ごとに結論の具体的妥当性を踏まえながら、各行政法規の趣旨・目的、措置の実効性などを考慮の上、適切な規定を選択して対応することが肝要であると考えられる。

2 主観的要素の要否

措置命令に当たって事業者の「主観的要素」、すなわち故意・過失が必要であるかについて、「行政処分たる排除命令（筆者注：現在の措置命令）が、対象事業者に対する非難可能性を基礎とする民事上・刑事上の制裁とはその性質を異にするものであることを考慮すると、景品表示法 4 条 1 項（筆者注：現在の 5 条）に違反する不当表示行為すなわち違反行為については、不当表示行為すなわち違反行為があれば足り、それ以上に、そのことについて『不当表示を行った者』の故意・過失は要しないものというべきであり、故意・過失が存在しない場合であっても排除命令を発し得るものというべきである」（前掲東京高判平成 20 年 5 月 23 日〔株式会社ベイクルーズによる審決取消請求事件〕）とされている。

前述のとおり、景品表示法は、不当表示を排除することによって、「一般消費者による自主的かつ合理的な選択」という公益を確保することを目的とするものであって、その手段である措置命令は、不当表示を排除して、一般消費者の利益という公益を確保するために行われるものである。行為者に対する民事的・刑事的責任を問うことを目的とするものではない。民事的・刑事的責任を問うことを目的とするのであれば、行為者が構成要件的事実を認識・認容しながらあえてそのような行為を行った（故意）、あるいは、通常必要とされる注意義務（予見可能性がありながら、結果回避義務）を尽くさなかった（過失）という責任を問い得る根拠が必要となる。しかし、

景品表示法の場合には、「一般消費者による自主的かつ合理的な選択を阻害するおそれのある行為」、すなわち不当表示があれば、措置命令を行うことができるのである。

3 措置命令の手続

(1) 概説

措置命令は、行政手続法の「不利益処分」（行政手続法 2 条 4 号）に当たる。不利益処分をしようとする場合の手続である「聴聞」が必要とされるもの（同法 13 条 1 項 1 号）ではないので、措置命令をしようとする場合には、事業者に対し「弁明の機会の付与」（同項 2 号）の手続をとることが必要になる。

また、措置命令の様式について景品表示法に規定はないが、行政手続法 14 条 1 項により、理由を示す必要がある。

独占禁止法の排除措置命令は、「その名あて人に排除措置命令書の謄本を送達することによつて、その効力を生ずる」（独占禁止法 61 条 2 項）との規定がある。景品表示法の措置命令には、そのような規定がないことから、措置命令は、法の一般原則に基づき、相手方に「到達」（民法 97 条 1 項参照）したときに、効力が生じる。「到達」については、相手方が実際に了知する必要はなく、「了知可能な状態」にあれば、足りると解されている（最判平成 10 年 6 月 11 日（平成 9 年（オ）685 号））。景品表示法の規制対象となる主体は、事業者ではあるが、実際に措置命令を受けるのは、ほぼ株式会社であり、株式会社であれば、本店の所在場所は、登記事項であることから（会社法 911 条 3 項 3 号）、措置命令の「到達」の有無が問題となることは、まずない。

●令和5年改正法による送達規定等の手続の整備

　措置命令について、「措置命令書の謄本を送達して行う」こととされた（令和5年改正後7条3項）。そして、これまで「第2章　景品類及び表示に関する規制」のうちの「第3節　課徴金」に規定されていた送達規定が、「第5章　雑則」に移動となり（同42～45条）、課徴金納付命令のみならず、措置命令についても、公示送達等の送達規定が活用できることとなった。

　景品表示法の規制対象となる「事業者」は、必ずしも日本に所在することが要件とされているものではなく、近年のデジタル化の進展等に伴い、海外に所在する事業者による景品表示法違反も見られるようになっている。このため、事業者が海外に所在する場合であっても、執行手続を円滑に進めることができるようにするための送達手続の整備がなされた。

　また、海外当局の執行を促すための情報提供規定（同41条）を導入することとされた。

⑵　措置命令書

　措置命令書には、おおむね以下のような記載がなされている。グレーの太字部分は筆者が付した、各条項の説明である。

●措置命令書

消表対第○○号

令和○年○月○日

株式会社○○

代表取締役 ○○　殿

消費者庁長官 ○○

（公印省略）

不当景品類及び不当表示防止法第7条第1項の規定に基づく
措置命令

　貴社は、貴社が供給する「○○」と称する○○サービス（以下
「本件役務」という。）の取引について、不当景品類及び不当表示
防止法（昭和37年法律第134号。以下「景品表示法」という。）第5
条の規定により禁止されている同条第1号に該当する不当な表示
を行っていたので、同法第7条第1項の規定に基づき、次のとお
り命令する。→命令の根拠規定を示す部分である。

1　命令の内容
　(1)　貴社は、貴社が一般消費者に提供する本件役務に係る表示
　　　に関して、次に掲げる事項を速やかに一般消費者に周知徹底
　　　しなければならない。この周知徹底の方法については、あら
　　　かじめ、消費者庁長官の承認を受けなければならない。
　　　ア　貴社は、本件役務を一般消費者に提供するに当たり
　　　　(ア)　別表「表示期間」欄記載の期間に、同表「表示媒体」
　　　　　欄記載の表示媒体において、同表「表示内容」欄記載の
　　　　　とおり表示することにより、あたかも、○○であるかの
　　　　　ように示す表示をしていたこと。
　　　　(イ)　実際には、○○は、○○であったこと。
　　　イ　前記ア(ア)の表示は、実際には、前記ア(イ)のとおりであっ
　　　　て、本件役務の内容について、一般消費者に対し、実際の
　　　　ものよりも著しく優良であると示すものであり、景品表示
　　　　法に違反するものであること。
　　　→一般消費者に対する周知徹底を命じる部分である。その方法について
　　　は、あらかじめ消費者庁長官の承認を受けることとしている。
　(2)　貴社は、今後、本件役務又はこれと同種の役務の取引に関
　　　し、前記(1)アの表示と同様の表示が行われることを防止する
　　　ために必要な措置を講じ、これを貴社の役員及び従業員に周

知徹底しなければならない。→社内体制の整備およびそれの社内における周知徹底を命じる部分である。

(3) 貴社は、今後、本件役務又はこれと同種の役務の取引に関し、前記(1)アの表示と同様の表示を行うことにより、当該役務の内容について、一般消費者に対し、実際のものよりも著しく優良であると示す表示をしてはならない。→いわゆる不作為命令を命じる部分である。

(4) 貴社は、前記(1)に基づいて行った周知徹底及び前記(2)に基づいてとった措置について、速やかに文書をもって消費者庁長官に報告しなければならない。→最終的にとった措置の報告を命じる部分である。

2 事実

(1) 株式会社○○（以下「○○」という。）は、東京都○○に本店を置き、○○事業等を営む事業者である。→「事業者」であることを認定している。

(2) ○○は、本件役務を自ら一般消費者に提供している。→「自己が供給する」要件を認定している。

(3) ○○は、本件役務に係る「○○」と称する自社ウェブサイト（以下「自社ウェブサイト」という。）の表示内容を自ら決定している。→「表示内容の決定に関与した者」であることを認定している。

(4) ア ○○は、本件役務を一般消費者に提供するに当たり、別表「表示期間」欄記載の期間に、同表「表示媒体」欄記載の表示媒体において、同表「表示内容」欄記載のとおり表示することにより、あたかも、○○であるかのように示す表示をしていた。

   イ 実際には、○○であった。

→不当表示を基礎付ける事実（事業者が行っていた表示とそれに対応する実際のものに乖離がある事実）を認定する部分である。

3 法令の適用

　前記事実によれば、○○は、自己の供給する本件役務の取引に関し、本件役務の内容について、一般消費者に対し、実際のものよりも著しく優良であると示すことにより、不当に顧客を誘引し、一般消費者による自主的かつ合理的な選択を阻害するおそれがあると認められる表示をしていたものであり、この表示は、景品表示法第5条第1号に該当するものであって、かかる行為は、同条の規定に違反するものである。→認定事実に法令を適用した結果を示す部分である。

4 法律に基づく教示
　(1)　行政不服審査法（平成26年法律第68号）第82条第1項の規定に基づく教示
　この処分について不服がある場合には、行政不服審査法第2条、第4条及び第18条第1項の規定に基づき、正当な理由があるときを除き、この処分があったことを知った日の翌日から起算して3か月以内に、書面により消費者庁長官に対し審査請求をすることができる。
　　(注)　行政不服審査法第18条第2項の規定により、正当な理由があるときを除き、処分があったことを知った日の翌日から起算して3か月以内であっても、処分の日の翌日から起算して1年を経過したときは、審査請求をすることができなくなる。
　(2)　行政事件訴訟法（昭和37年法律第139号）第46条第1項の規定に基づく教示
　訴訟により、この処分の取消しを求める場合には、行政事件訴訟法第11条第1項及び第14条第1項の規定に基づき、この処分があったことを知った日の翌日から起算して6か月以内に、国（代表者法務大臣）を被告として、この処分の取消しの訴えを提起

することができる。

→行政不服審査法82条1項および行政事件訴訟法46条1項により、行政
　庁に義務付けられている書面での教示である。

4　措置命令違反に対する罰則

　行政処分である措置命令に違反した者には、2年以下の懲役また
は300万円以下の罰金が科される（36条1項）。

　「法人の代表者」、「法人若しくは人の代理人、使用人その他の従
業員」が「その法人又は人の業務又は財産に関して」措置命令違反
行為（36条1項の違反行為）をしたときは、行為者（「代表者」「従業
員」）を罰するほか、その法人または人に対しても3億円以下の罰
金刑が科される（38条1項。「法人でない団体」について、同条2項）。
いわゆる両罰規定である。措置命令は、「事業者」に対してなされ
るところ、事業者である個人が措置命令違反をした場合には、36
条1項違反の罪となる。しかし、事業者が法人である場合の代表

者・従業員、個人事業者（「人」）である場合の従業員については、「その法人又は人の業務又は財産に関して」措置命令違反を行った場合に、同項により処罰される。この場合、「行為者」である代表者・従業員を罰するほか、「その法人又は人」も同項によって処罰されることになる。法人の代表者、法人・人の従業員、さらにその法人・人については、両罰規定を経由して罰せられることになる。

　また、措置命令違反があった場合に、「その違反の計画を知り、その防止に必要な措置を講ぜず、又はその違反行為を知り、その是正に必要な措置を講じなかつた当該法人（当該法人で事業者団体に該当するものを除く。）の代表者に対しても」、同項の罰金刑が科される（39条）。

　措置命令違反に対する罰則も刑罰であるから、刑法総則（刑法第1篇）の適用がある（同法8条）。措置命令違反の犯罪が成立するためには、行為者に故意（「罪を犯す意思」。同法38条1項本文）が認められる必要がある。いわゆる過失犯を処罰するためには、「法律に特別の規定がある」必要がある（同項ただし書）。措置命令違反については、法律上、過失犯を処罰する旨の規定（通常は、「過失により、○○した者は」と規定される）がないことから、過失犯は処罰されないと解されている。

●令和5年改正法による優良誤認表示・有利誤認表示に対する罰則の導入

　措置命令や課徴金納付命令といった行政処分は、一般消費者の利益の保護という公益確保を目的とするものであって、行為者の責任を問うための制裁ではない。しかしながら、これまで、事業者の中には、表示内容について何ら根拠を有していないことを認識したまま表示を行うなど、表示と実際に乖離があることを認識しつつ、これを認容して違反行為を行うような者も存在した。このような反規範的な者にとって、行政処分による抑止力では十分ではないと考えられたことから、道義的非難を与

えるべく、不当表示（優良誤認表示または有利誤認表示）に対する罰則（罰金100万円以下）が導入された（令和5年改正後48条）。

5　指導

調査の結果、景品表示法に違反する事実が認められなかったが、違反するおそれがあるとき、または、景品表示法に違反する事実は認定されたものの、措置命令をするほどでもないときは、関係事業者に対し、指導を行うこともある。指導は、行政処分に該当せず、「行政指導」（行政手続法2条6号）である。あくまで相手方の任意の協力によってのみ実現されるものであり（同法32条1項）、行政指導に当たっては、相手方に対し、当該行政指導の趣旨および内容ならびに責任者を明示しなければならないとされる（同法35条1項）。行政指導が口頭でされた場合、相手方から行政手続法35条1項に規定する事項を記載した書面の交付を求められた場合には、行政上特段の支障のない限り、これを交付しなければならない（同条3項）。

なお、消費者庁長官が措置命令を行った場合、違反事業者名を含めその概要を公表することとしているが、指導の場合には、原則として、事業者名を含め個別に公表されることはない。指導は、あくまで相手方の任意の協力によってのみ実現されるものだからである。ただし、指導の概要を年に1回、景品表示法の運用状況として公表している。

5-5　課徴金納付命令

1　概説

優良誤認表示および有利誤認表示は、課徴金納付命令の対象となる（8条1項）。課徴金額は、課徴金対象期間における課徴金対象行為に係る商品・役務の政令で定める方法により算定した売上額に

３％を乗じて算定される（同項柱書）。

　ただし、事業者が課徴金対象行為をした期間を通じて、自らが行った表示が不当表示であることを知らず、かつ、知らないことについて相当の注意を怠った者でないと認められるときは課徴金の納付を命じることができない（同項ただし書前段）。上述のとおり、措置命令の場合には、事業者の主観的要素は考慮されないのに対し、課徴金納付命令については主観的要素が考慮されるのは、表示を行うに当たり、どのような注意を払ったかにかかわらず課徴金が課される制度とすれば、事業者が表示内容の真実性について確認を行う（注意を払う）インセンティブが損なわれ、課徴金制度導入による不当表示防止の目的を果たせないおそれがあるからとされている。景品表示法は、一般消費者の自主的かつ合理的な選択を阻害するおそれのある行為を規制するものであるところ（1条）、措置命令は、不当表示によって生じた一般消費者の誤認を排除することを目的とするものであって、直接的にその法目的を達成するための手段であることから、事業者の主観は問わない。これに対し、課徴金納付命令は、違反行為の抑止策とはいえ、一定の金銭が国庫に納付されるだけであり、法効果として、必ずしも直接的に一般消費者の誤認排除につながるものではない。このような両制度の手段としての特質が考慮されたものと考えられる。

　また、計算した課徴金の額が150万円未満（対象となる売上額が5,000万円未満）であるときは、課徴金の納付を命じることができない（8条1項ただし書後段）。これも、課徴金納付命令については、行政庁に課すか課さないかについて裁量が認められないこともあり、行政効率の観点から、必ずしもすべての事案を課徴金納付命令の対象とすべきではないと考えられたからであると解される。

●令和5年改正法による繰り返し違反行為を行った者に対する課徴
　金算定率の割り増しの導入
　　課徴金制度は、違反行為抑止策として導入されたものである

ところ、違反行為を繰り返す事業者は、課徴金納付命令を受けてもなお違反行為を行うインセンティブが生じるほどの利得を得ており、現行の課徴金制度では抑止策として不十分であると考えられる。そこで、違反行為から遡り、10年以内に課徴金納付命令を受けたことがある者に対し、課徴金の算定率を原則の3％の1.5倍に割り増した4.5％とすることとされた（令和5年改正後8条5項）。

　繰り返しの起算日については、当該課徴金対象行為に係る事案について、景品表示法において法定されている調査手続が行われた客観的な日として最も早い日から遡ることとしている。すなわち、①報告徴収等、②不実証広告規制（令和5年改正後9条3項）の規定による資料の提出の求め、③課徴金納付命令に係る弁明の機会の付与に関する令和5年改正後17条1項の規定による通知が行われた日を比較し、そのうち最も早い日（基準日）から遡ることとされた。

●令和5年改正法による課徴金算定の基礎となる売上額の推計規定の導入

　課徴金対象行為である不当表示は、個別事案ごとに認定されるものである。課徴金額を算定するに当たって、違反行為をした事業者によっては、必ずしも、内閣総理大臣が認定した不当表示に対応する「商品又は役務（サービス）」の売上額に係るデータを整備していない場合や、内閣総理大臣が認定した「課徴金対象期間」に相当する売上額を算定するための帳簿書類の一部が欠落していたりする場合がある。そのような場合、通常の調査と比べて一層調査に時間を要することとなるばかりか、売上額の計算に必要な事実を把握することができない事態が生じる可能性もある。このため、課徴金の計算をするに当たって必要な事実を把握できない期間について、売上額を推計することができるとする規定が整備された（令和5年改正後8条4項）。

> 具体的には、当該事業者の課徴金対象期間中において、課徴金の計算の基礎となるべき事実を把握することができない場合に、当該事業者、同様の商品または役務を供給する他の事業者等から入手した資料その他の資料を用いて、内閣府令で定める合理的な方法により推計できることとされている。

　事業者が課徴金対象行為に該当する事実を内閣府令で定めるところにより報告したときは、課徴金額から50％減額される（9条本文）。しかし、当該課徴金対象行為について調査があったことにより課徴金納付命令を予知してされたものであるときは、減額されない（同条ただし書）。

　また、事業者が所定の手続に従って一般消費者に自主返金を行った場合に返金相当額を課徴金から減額し、返金相当額が課徴金額を上回るときは課徴金の納付を命じない（11条2項）。このような減額制度は、不当表示による消費者の被害回復の促進を図る観点からのものであるが、独占禁止法など他の課徴金制度を導入している法律に類例はなく、景品表示法で初めて取り入れられたものである。ただし、事業者が特定された一般消費者に返金するものは、「購入額に100分の3を乗じて得た額以上の金銭」（10条1項）とされており、個々の消費者の実際の被害額ではない（前述したとおり、不当表示は、事業者が行う表示と実際のものが異なるという事実状態であり、それ自体が直ちに個々の消費者の損害に結び付くものではない）。あくまで違反行為の抑止を目的とした行政上の措置である課徴金制度を前提とした、被害回復「的」な措置である点に留意が必要である。

> **●令和5年改正法による返金措置の弾力化措置の導入**
> 　課徴金制度における返金措置は導入当初、被害回復に係る制度として設計されたものの、事業者の利用が活発ではない状況にある。その理由の1つとして、返金措置として法律上認めら

れている手段が金銭の交付に限定されていることによる手続き
の煩雑さが考えられた。そこで、返金措置として、金銭の交付
のみならず、一般消費者の間で広く普及しており、現金とほぼ
同等の社会的通用性を有する、電子マネー等による交付も許容
することで（令和 5 年改正後 10 条 1 項）、事業者による制度利用
のインセンティブを高めることとされた。

　指定告示（前記 2-6 参照）は、課徴金納付命令の対象から除外さ
れている。これは、指定告示については、優良誤認表示・有利誤認
表示以外の一般消費者に「誤認されるおそれがある表示」について
内閣総理大臣が指定するものであり、予防的観点から政策的に措置
命令の対象とされたものと考えられ、また、実際に過去の措置命令
事案における案件数も比較的少ないこともあり、課徴金の対象とす
る必要はないとされたことによるものである。
　措置命令と課徴金納付命令は、制度上、それぞれ別個独立の処分
である。景品表示法上、課徴金納付命令をするために措置命令前置
が義務付けられているわけではない。したがって、措置命令がなさ
れた事案と同じ事案であっても、課徴金納付命令において、違反行
為が認定される必要がある。この点、課徴金納付命令に係る不実証
広告規制である 8 条 3 項は、7 条 2 項と異なり、「みなす」ではなく、
「推定する」と規定している。ある事業者の表示について、7 条 2
項および 8 条 3 項の規定に基づき、消費者庁長官が優良誤認に該当
するか否か判断する必要があると認めて、期間を定めて当該表示の
裏付けとなる合理的な根拠を示す資料を求め、事業者が当該資料を
提出しない場合、7 条 2 項により、当該表示は、措置命令に関して
は、不当表示とみなされるが、8 条 3 項により、当該表示は、課徴
金納付命令に関しては、不当表示と推定される。「みなす」の場合
は、一度その効果が発生すれば、その後の反証を許されないが、
「推定」の場合、あくまで推定であるので、事業者側が推定を覆す
事情の主張・立証に成功すれば、推定は覆ることになる。

課徴金の計算の基礎となる「課徴金対象期間」とは、「課徴金対象行為をした期間（課徴金対象行為をやめた後そのやめた日から6月を経過する日（同日前に、当該事業者が当該課徴金対象行為に係る表示が不当に顧客を誘引し、一般消費者による自主的かつ合理的な選択を阻害するおそれを解消するための措置として内閣府令で定める措置をとったときは、その日）までの間に当該事業者が当該課徴金対象行為に係る商品又は役務の取引をしたときは、当該課徴金対象行為をやめてから最後に当該取引をした日までの期間を加えた期間とし、当該期間が3年を超えるときは、当該期間の末日から遡つて3年間とする。）」をいうとされている（8条2項）。複雑な条文構造であるが、課徴金対象期間は、「課徴金対象行為をやめた後そのやめた日から6月を経過する日」までの間に「当該事業者が当該課徴金対象行為に係る商品又は役務の取引をしたときは、当該課徴金対象行為をやめてから最後に当該取引をした日までの期間を加えた期間」が原則の期間となる。このため、課徴金対象行為を止めた後も、当該商品または役務の取引を続けた場合には、最大6か月までが課徴金対象期間となる。6か月経過日前に「当該事業者が当該課徴金対象行為に係る表示が不当に顧客を誘引し、一般消費者による自主的かつ合理的な選択を阻害するおそれを解消するための措置として内閣府令で定める措置」を採れば、その措置を採った日までが課徴金対象期間となる。「内閣府令で定める措置」とは、「課徴金対象行為に係る表示が同条第1項ただし書各号のいずれかに該当することを時事に関する事項を掲載する日刊新聞紙に掲載する方法その他の不当に顧客を誘引し、一般消費者による自主的かつ合理的な選択を阻害するおそれを解消する相当な方法により一般消費者に周知する措置」とされている（景品表示法施行規則8条）。要は、いわゆる誤認排除措置のことである。課徴金対象行為を止めても、当該行為によって生じた一般消費者の誤認は、6か月続くと擬制されたものと考えられる。

[図表 5-3]　課徴金対象期間

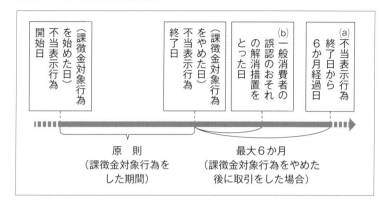

2　課徴金制度の趣旨

　課徴金制度は、独占禁止法にも導入されている。独占禁止法における課徴金の性格については「独禁法の定める課徴金の制度は、昭和52年法律第63号による独禁法改正において、カルテルの摘発に伴う不利益を増大させてその経済的誘因を小さくし、カルテルの予防効果を強化することを目的として、既存の刑事罰の定め（独禁法89条）やカルテルによる損害を回復するための損害賠償制度（独禁法25条）に加えて設けられたものであり、カルテル禁止の実効性確保のための行政上の措置として機動的に発動できるようにしたものである。また、課徴金の額の算定方式は、実行期間のカルテル対象商品又は役務の売上額に一定率を乗ずる方式を採っているが、これは、課徴金制度が行政上の措置であるため、算定基準も明確なものであることが望ましく、また、制度の積極的かつ効率的な運営により抑止効果を確保するためには算定が容易であることが必要であるからであって、個々の事案ごとに経済的利益を算定することは適切ではないとして、そのような算定方式が採用され、維持されているものと解される。そうすると、課徴金の額はカルテルによって実際に得られた不当な利得の額と一致しなければならないものではないというべきである」とされている（最判平成17年9月13日（平成

14年（行ヒ）72号）〔東京海上日動火災保険株式会社ほか13名による審決取消請求事件〕)。

　景品表示法上の課徴金制度も行政上の措置であり、基本的には、独占禁止法の課徴金制度の趣旨と同じであり、不当表示の摘発に伴う不利益を増大させてその経済的誘因を小さくし、不当表示の予防効果を強化することを目的としている。

3　課徴金納付命令の手続

(1)　概説

　課徴金納付命令については、その方式（17条）や弁明の機会の付与の手続（13～16条）等が景品表示法に規定されており、行政手続法の適用が除外されている（25条）。これは、課徴金納付命令は、不利益処分（行政手続法2条4号）ではあるが、「一定の額の金銭の納付を命じ……ようとするとき」（同法13条2項4号）に該当し、行政手続法の弁明の機会の付与の規定が適用されないことから（同項柱書）、景品表示法に課徴金納付命令に係る弁明の機会の付与等に係る規定がされている。

　また、措置命令と異なり、課徴金納付命令は、「その名宛人に課徴金納付命令書の謄本を送達することによつて、その効力を生ずる」とされている（17条2項）。このため、22条により、民事訴訟法99条以下の一定の送達に関する規定が一部準用されている。民事訴訟法には、送達を受けるべき者の住所等が知れない場合のための公示送達の規定もあるが（同法110条以下）、課徴金納付命令の公示送達については、民事訴訟法の規定の準用ではなく、景品表示法に規定されている（23条）。送達とは、一般的には、当事者その他の利害関係人に対し、訴訟上の書類を法定の方式により送り届ける裁判所の作用である。その手続を行政庁の処分である課徴金納付命令において準用するに当たり、22条において、必要な読み替え規定を置いている。公示送達については、読み替えが複雑になることから、景品表示法に直接規定されたものと考えられる。

(2) 課徴金納付命令書

　課徴金納付命令書には、おおむね以下のような記載がなされている。グレーの太字部は筆者が付した、各条項の説明である。

●課徴金納付命令書

消表対第〇〇号

令和〇年〇月〇日

株式会社〇〇

代表取締役 〇〇殿

消費者庁長官 〇〇

（公印省略）

不当景品類及び不当表示防止法第8条第1項の規定に基づく

課徴金納付命令

　貴社は、貴社が供給する「〇〇」と称する商品（以下「本件商品」という。）の取引について、不当景品類及び不当表示防止法（昭和37年法律第134号。以下「景品表示法」という。）第5条の規定により禁止されている同条第1号に該当する不当な表示を行っていたので、同法第8条第1項の規定に基づき、次のとおり課徴金の納付を命令する。**→命令の根拠規定を示す部分である。**

主 文

　株式会社〇〇（以下「〇〇」という。）は、課徴金として金〇〇円を令和〇年〇月〇日までに国庫に納付しなければならない。**→一定の金額を課徴金として納期限までに国庫に納付すべきことを命じる部分である（命令そのもの）。**

理 由

1　課徴金対象行為

　別紙記載の事実によれば、〇〇が自己の供給する本件商品の取引に関し行った表示は、景品表示法第5条第1号に規定する、本

件商品の内容について、一般消費者に対し、実際のものよりも著しく優良であると示すことにより、不当に顧客を誘引し、一般消費者による自主的かつ合理的な選択を阻害するおそれがあると認められる表示に該当するものであって、かかる表示をしていた行為は、同条の規定に違反するものである。

→「事業者が第5条の規定に違反する行為（課徴金対象行為）をした」事実を認定する部分である。

2　課徴金の計算の基礎

(1)ア　景品表示法第8条第1項に規定する課徴金対象行為に係る商品は、本件商品である。

イ　(ア)　○○が前記1の課徴金対象行為をした期間は、令和○年○月○日から同年○月○日までである。

(イ)　本件商品について、○○が前記1の課徴金対象行為をやめた後そのやめた日から6月を経過する令和○年○月○日までの間に最後に取引をした日は、令和○年○月○日である。

(ウ)　前記(ア)及び(イ)によれば、前記1の課徴金対象行為に係る課徴金対象期間は、令和○年○月○日から令和○年○月○日までの間である。

→「当該課徴金対象行為に係る商品又は役務」、「課徴金対象期間」を認定する部分である。

ウ　前記イ(ウ)の課徴金対象期間に取引をした本件商品に係る○○の売上額は、不当景品類及び不当表示防止法施行令（平成21年政令第218号）第1条の規定に基づき算定すべきところ、当該規定に基づき算定すると、○○円である。

→「当該課徴金対象行為に係る課徴金対象期間に取引をした当該課徴金対象行為に係る商品又は役務の政令で定める方法により算出した売上額」を認定する部分である。

エ　○○は、本件商品について、不当表示の防止を図るための表示内容についての必要な確認を行うことなく、前記1

の課徴金対象行為をしていたことから、当該課徴金対象行為をした期間を通じて当該課徴金対象行為に係る表示が景品表示法第8条第1項第1号に該当することを知らず、かつ、知らないことにつき相当の注意を怠った者でないとは認められない。

→ 8条1項ただし書前段に該当しない旨を認定する部分である。

(2) 前記(1)の事実によれば、○○が国庫に納付しなければならない課徴金の額は、景品表示法第8条第1項の規定により、前記(1)ウの本件商品の売上額に100分の3を乗じて得た額から、同法第12条第2項の規定により、1万円未満の端数を切り捨てて算出した○○円である。

→「課徴金の額」を認定する部分である。

よって、○○に対し、景品表示法第8条第1項の規定に基づき、主文のとおり命令する。

→認定事実に法令を適用した結果を示す部分である。

＜法律に基づく教示＞

1 行政不服審査法（平成26年法律第68号）第82条第1項の規定に基づく教示

　　この処分について不服がある場合には、行政不服審査法第2条、第4条及び第18条第1項の規定に基づき、正当な理由があるときを除き、この処分があったことを知った日の翌日から起算して3か月以内に、書面により消費者庁長官に対し審査請求をすることができる。

(注) 行政不服審査法第18条第2項の規定により、正当な理由があるときを除き、処分があったことを知った日の翌日から起算して3か月以内であっても、処分の日の翌日から起算して1年を経過したときは、審査請求をすることができなくなる。

2 行政事件訴訟法（昭和37年法律第139号）第46条第1項の規

定に基づく教示

　訴訟により、この処分の取消しを求める場合には、行政事件訴訟法第11条第1項及び第14条第1項の規定に基づき、この処分があったことを知った日の翌日から起算して6か月以内に、国（代表者法務大臣）を被告として、この処分の取消しの訴えを提起することができる。

(注1)　行政事件訴訟法第14条第2項の規定により、正当な理由があるときを除き、この処分があったことを知った日の翌日から起算して6か月以内であっても、この処分の日の翌日から起算して1年を経過すると、この処分の取消しの訴えを提起することができなくなる。

(注2)　行政事件訴訟法第14条第3項の規定により、正当な理由があるときを除き、審査請求をして裁決があった場合には、この処分の取消しの訴えは、その裁決があったことを知った日の翌日から起算して6か月以内に提起することができる。ただし、正当な理由があるときを除き、その裁決があったことを知った日の翌日から起算して6か月以内であっても、その裁決の日の翌日から起算して1年を経過すると、この処分の取消しの訴えを提起することができなくなる。

→行政不服審査法82条1項および行政事件訴訟法46条1項により、行政庁に義務付けられている書面での教示である。

5-6　審査請求、取消訴訟

1　審査請求

　措置命令、課徴金納付命令のいずれについても、不服がある場合には、行政不服審査法2条、4条の規定に基づき、書面により消費者庁長官に対し審査請求をすることができる。

審査請求期間は、正当な理由があるときを除き、処分があったことを知った日の翌日から起算して3か月以内である（行政不服審査法18条1項）。

　処分があったことを知った日の翌日から起算して3か月以内であっても、処分の日の翌日から起算して1年を経過したときは、審査請求をすることができなくなる（同条2項）。

　審査請求は、他の法律または条例に別段の定めがある場合を除き、審査請求書を提出してなされなければならない（同法19条1項）。審査請求書の提出後、当該処分を行った行政庁（処分庁）は、審理員（審査請求の審理を行う者で、審査請求を受けた行政庁が処分に関与していない等の要件を満たす職員を指名する）の求めに応じて、弁明書を提出し（同法29条）、その後、審査請求人は、弁明書に記載された事項に対する反論を記載した反論書を提出することができる（同法30条1項）。

　審査請求人または参加人の申立てがあった場合、その申立てをした者に口頭で審査請求に係る事件に関する意見を述べる機会を与えなければならない（同法31条1項）とされる。この意見陳述に際しては、申立人は、審理員の許可を得て、審査請求に係る事件に関し、処分庁等に対して、質問を発することができる（同条5項）。

　審理員は、審理手続の終結後遅滞なく、審理員意見書を作成し、これを審査庁に提出しなければならない（同法42条）。

　審査庁は、審理員意見書の提出を受けたときは、同法43条1項各号のいずれかに該当する場合を除き、行政不服審査会等に諮問しなければならず（同法43条1項柱書）、行政不服審査会等から諮問に対する答申を受けたときは、遅滞なく、裁決をしなければならない（同法44条）。

2　取消訴訟

(1)　概説

　「処分」（行政事件訴訟法3条2項）とは、「公権力の主体たる国ま

たは公共団体が行う行為のうち、その行為によつて、直接国民の権利義務を形成しまたはその範囲を確定することが法律上認められているものをいう」とされている（最判昭和39年10月29日（昭和37年㈠296号）〔ごみ焼場設置条例無効確認等請求事件〕）。措置命令、課徴金納付命令は、いずれも公権力の主体たる消費者庁長官が行う行為で、国民に一定の義務を課すことが法律上認められているものであることから、いずれも「処分」に当たる。

　その取消しを求める訴えは、「抗告訴訟」（同条1項）のうちの「処分の取消しの訴え」に当たる（同条2項）。

　処分の取消しの訴えにおける被告は、処分庁が消費者庁長官の場合には国、処分庁が都道府県知事である場合には、当該都道府県となる（同法11条1項）。

　取消しの訴えの出訴期間は、正当な理由があるときを除き、処分があったことを知った日の翌日から起算して6か月以内である（同法14条1項）。ただし、処分があったことを知った日の翌日から起算して6か月以内であっても、この処分の日の翌日から起算して1年を経過すると、正当な理由があるときを除き、処分の取消しの訴えを提起することができなくなる（同条2項）。

　また、正当な理由があるときを除き、措置命令等に審査請求をして裁決があった場合には、措置命令等の処分の取消しの訴えは、その裁決があったことを知った日の翌日から起算して6か月以内に提起することができる（同条3項）。ただし、その裁決があったことを知った日の翌日から起算して6か月以内であっても、その裁決の日の翌日から起算して1年を経過すると、正当な理由があるときを除き、この処分の取消しの訴えを提起することができなくなる（同項）。

　取消訴訟の提起は、処分の効力、処分の執行または手続の続行を妨げない（同法25条1項）。処分の執行停止を求める者は、裁判所に対して、執行停止の申立てをする必要があり、裁判所の決定があって、初めて執行停止がなされる（同条2項）。

⑵ 原告適格

「処分の取消しの訴え」を適法に提起するためには、当該処分の取消しを求めるにつき「法律上の利益を有する者」（行政事件訴訟法9条1項）である必要、すなわち原告適格が認められる必要がある。処分の名宛人（処分の対象者）であれば、通常、原告適格は、問題にならない。問題となるのは、処分の名宛人以外の者による訴えの場合である。

この点、不服申立適格についてであるが、公正競争規約の公正取引委員会の認定について、第三者が不服申立てをした事例において、10条1項により公正取引委員会がした公正競争規約の認定に対する行政上の不服申立ては、「行政上の不服申立の一種にほかならないのであるから、景表法の右条項にいう『第1項……の規定による公正取引委員会の処分について不服があるもの』とは、一般の行政処分についての不服申立の場合と同様に、当該処分について不服申立をする法律上の利益がある者、すなわち、当該処分により自己の権利若しくは法律上保護された利益を侵害され又は必然的に侵害されるおそれのある者をいう、と解すべきである。……現行法制のもとにおける行政上の不服申立制度は、原則として、国民の権利・利益の救済を図ることを主眼としたものであり、行政の適正な運営を確保することは行政上の不服申立に基づく国民の権利・利益の救済を通じて達成される間接的な効果にすぎない……、行政庁の処分に対し不服申立をすることができる者は、法律に特別の定めがない限り、当該処分により自己の権利若しくは法律上保護された利益を侵害され又は必然的に侵害されるおそれがあり、その取消等によつてこれを回復すべき法律上の利益をもつ者に限られるべき……右にいう法律上保護された利益とは、行政法規が私人等権利主体の個人的利益を保護することを目的として行政権の行使に制約を課していることにより保障されている利益であつて、それは、行政法規が他の目的、特に公益の実現を目的として行政権の行使に制約を課している結果たまたま一定の者が受けることとなる反射的利益とは区別さ

れるべきものである。この点を公正競争規約の認定に対する不服申立についてみると、……景表法 1 条は、『一般消費者の利益を保護すること』をその目的として掲げている。ところが、まず、独禁法は、……公正な競争秩序の維持、すなわち公共の利益の実現を目的としているものであることが明らかである。……その特例を定める景表法も、本来、同様の目的をもつものと解するのが相当である。更に、景表法の規定を通覧すれば、……同法が、事業者又は事業団体の権利ないし自由を制限する規定を設け、しかも、その実効性は公正取引委員会による右規定の適正な運用によつて確保されるべきであるとの見地から公正取引委員会に前記のような権限を与えるとともにその権限行使の要件を定める規定を設け、これにより公益の実現を図ろうとしていることを示すものと解すべき……景表法の目的とするところは公益の実現にあり、同法 1 条にいう一般消費者の利益の保護も……、公益保護の一環としてのそれであるというべきである。してみると、同法の規定にいう一般消費者も国民を消費者としての側面からとらえたものというべきであり、景表法の規定により一般消費者が受ける利益は、公正取引委員会による同法の適正な運用によつて実現されるべき公益の保護を通じ国民一般が共通してもつにいたる抽象的、平均的、一般的な利益、換言すれば、同法の規定の目的である公益の保護の結果として生ずる反射的な利益ないし事実上の利益であつて、本来私人等権利主体の個人的な利益を保護することを目的とする法規により保障される法律上保護された利益とはいえない」として、名宛人以外の第三者の不服申立適格を否定した判例がある（前掲最判昭和 53 年 3 月 14 日〔主婦連ジュース訴訟事件〕）。

　この判例は、不服申立適格についてのものであるが、処分の取消しの訴えにおける原告適格についての「法律上保護された利益説」と同一であると解されている。「法律上保護された利益説」については、「行政事件訴訟法 9 条は、取消訴訟の原告適格について規定するが、同条にいう当該処分の取消しを求めるにつき『法律上の利

益を有する者』とは、当該処分により自己の権利若しくは法律上保護された利益を侵害され又は必然的に侵害されるおそれのある者をいうのであり、当該処分を定めた行政法規が、不特定多数者の具体的利益を専ら一般的公益の中に吸収解消させるにとどめず、それが帰属する個々人の個別的利益としてもこれを保護すべきものとする趣旨を含むと解される場合には、かかる利益も右にいう法律上保護された利益に当たり、当該処分によりこれを侵害され又は必然的に侵害されるおそれのある者は、当該処分の取消訴訟における原告適格を有するものというべきである……。そして、当該行政法規が、不特定多数者の具体的利益をそれが帰属する個々人の個別的利益としても保護すべきものとする趣旨を含むか否かは、当該行政法規の趣旨・目的、当該行政法規が当該処分を通して保護しようとしている利益の内容・性質等を考慮して判断すべきである」（最判平成4年9月22日（平成元年（行ツ）130号）〔原子炉設置許可処分無効確認等請求事件〕）と判示されている。

なお、平成16年改正により導入された行政事件訴訟法9条2項は、処分の名宛人以外の場合の原告適格の判断基準を示している。

(3) 取消訴訟における審理対象

措置命令取消訴訟において、原告が訴状で記載する請求の趣旨（民事訴訟法134条2項2号）は、「消費者庁長官が○年○月○日付けで原告に対してした不当景品類及び不当表示防止法7条1項の規定に基づく措置命令（消表対第○○号）を取り消す」である。取消訴訟が認容された場合、当該処分を判決主文によって取り消されることになり、判決によって初めてその効力が遡及的に消滅し、処分がなかった状態に復帰することから、取消訴訟は、形成訴訟に分類される。

形成訴訟の訴訟物は、形成要件であり、取消訴訟における審理対象（訴訟物）は、処分の違法性一般とされている。したがって、当該処分がすべての処分要件を満たしているか否かが審理対象となり、被告は、原告の主張にかかわらず、当該処分がすべての処分要件を

満たしていることを主張立証する必要がある。

　措置命令取消訴訟における被告である国等は、消費者庁長官が5条違反行為があるとして措置命令をしたのであれば、原告である事業者が行った表示が5条で禁止される不当表示に該当するとの事実を証拠に基づき主張する必要がある。

　不実証広告規制を用いた措置命令における処分要件は、5条違反行為を認定した場合と異なる。すなわち、前述したとおり、不実証広告規制とは、消費者庁長官が証拠に基づき5条1号違反行為に該当する事実を認定するのではなく、7条2項所定の一定の要件を満たせば、同項が当該事業者が行った表示を優良誤認表示とみなすものである。このため、不実証広告規制を用いた措置命令における処分要件（審理対象）については、「本件は、抗告訴訟である審決取消訴訟であり、原処分及びこれを是認した本件審決の適否を判断することになるのであるから、その審理の対象は、原処分の根拠とされた法令の定める処分の要件の有無であり、景表法4条2項（筆者注：現在の7条2項）に定める要件、すなわち、被告が本件表示が同条1項1号（筆者者注：現在の5条1号）に該当する表示か否かを判断するために資料の提出を求める必要があると認めるときに該当するか否か、及び原告の提出した本件資料が『当該表示の裏付けとなる合理的な根拠を示す資料』に該当するか否かが審理の対象になると解すべきである」とされている（前掲東京高判平成22年10月29日〔株式会社オーシロによる審決取消請求事件〕）。

　行政事件訴訟法30条は、「行政庁の裁量処分については、裁量権の範囲をこえ又はその濫用があつた場合に限り、裁判所は、その処分を取り消すことができる」と規定している。行政裁量が認められる処分については、裁量権の逸脱・濫用にならない限り、行政庁の処分は違法とはならないという趣旨である。当該根拠法規が行政による裁量を許容しているのであるから、その裁量の範囲内の行為については、違法の問題、すなわち当該根拠法律に違反するという問題は生じないということである。三権分立の関係からいえば、行政

庁に認められた裁量権の範囲内についての判断には、司法権は及ばないということを示す規定である。景品表示法上の措置命令も、「内閣総理大臣は……できる」との文言等からも、消費者庁長官に措置命令をするかどうか、措置命令をするとした場合に、どのような措置を命じるかについて裁量が認められていると解されている。この点、措置命令が法の一般原則である平等原則に反し、裁量権の逸脱・濫用に当たると主張された事件における判決において、「景品表示法6条1項（筆者注：現在の7条1項）は、同法4条1項（筆者注：現在の5条）に違反する不当表示行為すなわち違反行為があるときは、被告が事業者に対して排除命令（筆者注：現在の措置命令）を発することができるとしており、被告がこの権限を行使して排除命令を発するか否か、発する場合にどのような内容の排除命令を発するか、については、被告に広範な裁量権が与えられているものである。したがって、個々の排除命令が他の事業者との関係で平等原則違背として違法となるのは、『被告が、処分の相手方である事業者以外の違反行為をした事業者に対しては当初から行政処分をする意思がなく、処分の相手方である事業者に対してのみ差別的意図をもって当該行政処分をしたような場合などに限られる。』と解される」とされている（前掲東京高判平成20年5月23日〔株式会社ベイクルーズによる審決取消請求事件〕）。

(4) 手続要件

　被告である国等は、5条違反行為などの実体法の要件のみならず、弁明の機会の付与などの法律上要求される手続についても適正になされたことを主張立証する必要がある。行政手続法の規定に基づく重要な手続を履践していないなどとされる場合、処分の正当性を欠くとして、たとえ、実体法上の要件が充足していたとしても、違法な処分として取り消されることがあり得る。

　この点、景品表示法についてのものではないが、独占禁止法上の行政処分である排除措置命令において、排除措置命令書における理由記載の不備による違法性があると判示された裁判例がある（東京

高判令和 2 年 12 月 11 日（平成 31 年（行ケ）9 号）〔株式会社山陽マルナカによる審決取消請求事件〕）。この事件は、独占禁止法で禁止されている優越的地位の濫用（独占禁止法 2 条 9 項 5 号）に係るものである。公正取引委員会が事業者に送達した排除措置命令書（および課徴金納付命令書）において、違反行為者である小売業者が優越的地位の濫用行為を行った相手方である「特定納入業者」の特定がされていなかった点が問題となった。同裁判例は、「独占禁止法 49 条 1 項は、排除措置命令書には、その理由として、『公正取引委員会の認定した事実及びこれに対する法令の適用を』示さなければならないと規定する。その趣旨は、排除措置命令がその名宛人に対し当該命令の主文に従った排除措置の履行義務を課すなど名宛人の事業活動の自由等を制限する不利益処分であることに鑑み、他の行政処分において理由の付記が必要とされるのと同様、被告（公正取引委員会）の判断の慎重と合理性を担保してその恣意を抑制するとともに、排除措置命令の理由をその名宛人に知らせて不服の申立てに便宜を与えるためのものであると解される。このような排除措置命令の性質及び排除措置命令書に理由の記載が必要とされる趣旨に鑑みると、排除措置命令書に記載すべき理由の内容及び程度は、特段の理由がない限り、いかなる事実関係に基づきいかなる法規を適用して当該排除措置命令がされたかを名宛人においてその記載自体から了知し得るものでなければならないと解される（最高裁昭和 45 年（行ツ）第 36 号同 49 年 4 月 25 日第一小法廷判決・民集 28 巻 3 号 405 頁、最高裁昭和 57 年（行ツ）第 70 号同 60 年 1 月 22 日第三小法廷判決・民集 39 巻 1 号 1 頁参照）」とした上で、「本件排除措置命令書には、排除措置命令の理由として、特定納入業者に該当するかの考慮要素及び原告が特定納入業者に対して具体的にいかなる態様の行為をどの程度行ったのかという、命令の原因となる事実と、これらの行為が優越的地位の濫用に該当し、独占禁止法 19 条に違反するなどという、命令の根拠法条は示されているものの、上記行為の相手方である特定納入業者については何ら具体的な特定がされていない。そうする

と、本件排除措置命令書の記載自体によって、その名宛人である原告において、いずれの相手方に対する自己の行為が優越的地位の濫用に該当すると評価されたかを具体的に了知し得ないから、本件排除措置命令書の理由の記載には不備があったものというほかない」と判示している（なお、同裁判例では、課徴金納付命令書についても理由記載の不備があるとされている）。

　同裁判例における理由記載の趣旨である「被告（公正取引委員会）の判断の慎重と合理性を担保してその恣意を抑制するとともに、排除措置命令の理由を名宛人に知らせて不服の申立てに便宜を与えるためのもの」は、行政手続法 14 条 1 項による不利益処分を課す場合の理由記載の趣旨と同じであり（最判平成 23 年 6 月 7 日（平成 21年（行ヒ）91 号）〔一級建築士免許取消処分等取消請求事件〕）、景品表示法上の行政処分をする際の理由記載の趣旨としても当てはまるものである。

5-7　消費者団体による差止請求

　消費者契約法上の適格消費者団体も不当表示の差止めを求めることができる（30 条）。

　この制度は平成 20 年の景品表示法の改正により導入されたものである。多数の消費者に急速に拡大する被害をもたらす不当表示については、行政機関による執行を強化するだけでは十分に抑止することができないと考えられたことから、不当表示を排除する仕組みを複線化することで不当表示の速やかな排除と抑止力の強化を図るため導入されたとされている。

　差止請求の要件は、「事業者が、不特定かつ多数の一般消費者に対して次の各号（筆者注：下記①・②）に掲げる行為を現に行い又は行うおそれがあるとき」である（同条 1 項）。

① 　商品または役務の品質、規格その他の内容について、実際の

ものまたは当該事業者と同種もしくは類似の商品もしくは役務
を供給している他の事業者に係るものよりも著しく優良である
と誤認される表示をすること
② 商品または役務の価格その他の取引条件について、実際のも
のまたは当該事業者と同種もしくは類似の商品もしくは役務を
供給している他の事業者に係るものよりも取引の相手方に著し
く有利であると誤認される表示をすること

①が優良誤認表示（5条1号）に相当し、②が有利誤認表示（同
条2号）に相当する。指定告示（同条3号）に相当する表示は、消
費者団体による差止請求の対象とはされていない。

そして、請求することができる内容は「当該行為の停止若しくは
予防又は当該行為が当該各号に規定する表示をしたものである旨の
周知その他の当該行為の停止若しくは予防に必要な措置をとるこ
と」である（30条1項柱書）。

「現に行い又は行うおそれがあるとき」にいう「おそれがあると
き」とは、不当な行為が行われる蓋然性が客観的に存在している場
合をいうとされる。

●令和5年改正法による適格消費者団体による事業者への開示要求
制度の導入

本文のとおり、景品表示法は事業者が優良誤認表示または有
利誤認表示を現に行いまたは行うおそれがあるときは、当該事
業者に対し、差止請求をすることができる権限を、適格消費者
団体に対して付与している。もっとも、差止請求が認容される
ためには、適格消費者団体による主張・立証を踏まえ、不当表
示に該当する事実が認定される必要がある。商品または役務の
内容に関する優良誤認表示については、表示どおりの効果、性
能がないことを立証するためには専門機関による調査・鑑定が
必要なことから多大な時間を要するといった問題があり、ボラ

ンティアに依存する適格消費者団体にとって負担が大きく、差止請求権を活用しきれない等の問題点があった。そこで、令和4年改正により消費者契約法に導入された、適格消費者団体による要請とこれに応じる事業者の努力義務の例に倣い、景品表示法でも優良誤認表示の疑いのある事業者に対し、表示の裏付けとなる合理的根拠の開示の要請を法的に明確に位置付けるとともに、事業者側には努力義務を課すこととされた。

第6章 公正競争規約

6-1 概説

　公正競争規約とは、31条1項の規定に基づき、内閣総理大臣および公正取引委員会の認定を受けて、事業者または事業者団体が景品類または表示に関する事項について自主的に設定するルールである。

　ある商品を供給する事業者が顧客を獲得するためには、同じ商品を供給する他の事業者（競争事業者）よりも、よい品質でより安い価格のものを提供する必要がある。つまり、競争をする必要がある。逆に、競争業者よりもよい品質でより安い価格のものを提供できなければ、顧客を獲得することができない。需要者である顧客は、限られた予算の中で、自らの効用を最大化する供給者の商品を選択するからである。他方、実際は大した品質でもないのによい品質であるかのように示す表示をしたり、実際はお得な価格でもないのにお得な価格であるかのように示す表示をしたりすれば、競争をせずとも競争事業者から顧客を奪うことができる。例えば、無果汁の清涼飲料水について、ある事業者が「果汁たっぷり」との表示をした場合、顧客はそちらに引き付けられるから、他の事業者も同様の表示の選択に傾くという点で不当顧客誘引行為には波及性がある。さらに、「果汁たっぷり」という表示により顧客を奪われたのなら、奪われた顧客を取り戻すためにより過激な表現である「果汁100％」などと表示する必要が生じ得る。このように不当顧客誘引行為は、事業者間でエスカレートする傾向がある。

　公正競争規約は、自主ルールを競争事業者みんなが遵守するとい

う法的お墨付きによって安心感を付与し、このような事業者間の無益な対抗意識、相互不信を取り除いて、有害無益な商慣行を防止しようというものである。また、行政による個別の事案に対する法執行は、もちろん景品表示法の目的達成のために重要な対応であるが、どうしても事後的・個別的な対応になってしまう。法目的達成のためには、法違反が起こらないこと、未然防止が何より肝要である。業界の自主ルールである公正競争規約は、業界の取引の適正化、未然防止のためにも有効な仕組みである。

　なお、公正競争規約は、あくまで自主ルール、すなわち、認定を受けた事業者または事業者団体を拘束するものであり、当該事業者団体の構成員以外の事業者には、何ら影響を及ぼすものではない。この点、「本件規約は同規約所定の『事業者』であつてこれに加入したものに対してのみ一定の義務を課するものであるから、仮に同規約に参加する資格を有しない関連事業者が本件規約に違反する行為、特に、同原告が主張するように『健康食品』の表示をしたとしても、それが本件規約に違反することになるものでないことはもちろん、被告が本件規約を認定したとの一事によつて本件規約の表示基準が直ちに当該業界の正常な商慣習となるものではないから、少なくとも右行為が本件規約に違反するというだけの理由ではその行為が当然同法第4条（筆者注：現在の5条）に違反するものとして同法第6条第1項（筆者注：現在の7条1項）の排除命令の対象となるということはできない」とする裁判例がある（東京高判昭和57年11月19日〔昭和55年（行ケ）354号〕〔株式会社三燿外1名による審決取消訴訟事件〕）。

6-2　公正競争規約の認定要件等

　事業者または事業者団体は、景品類または表示に関する事項について、内閣総理大臣および公正取引委員会の認定を受けて、不当な顧客の誘引を防止し、一般消費者による自主的かつ合理的な選択お

よび事業者間の公正な競争を確保するための協定または規約を締結し、または設定することができる（31条1項本文）。この「協定又は規約」は、一般に「公正競争規約」と呼ばれる（公正取引委員会所管時の景品表示法において、「公正競争規約」と定義されていたものが、消費者庁に移管された際にその定義が景品表示法から削除された）。

●景品表示法31条（抜粋・一部編集）

> 2　内閣総理大臣及び公正取引委員会は、公正競争規約について、次の各号のいずれにも適合すると認める場合でなければ、認定をしてはならない。
>> 一　不当な顧客の誘引を防止し、一般消費者による自主的かつ合理的な選択及び事業者間の公正な競争を確保するために適切なものであること。
>> 二　一般消費者及び関連事業者の利益を不当に害するおそれがないこと。
>> 三　不当に差別的でないこと。
>> 四　当該協定若しくは規約に参加し、又は当該協定若しくは規約から脱退することを不当に制限しないこと。
> 3　内閣総理大臣及び公正取引委員会は、認定を受けた公正競争規約が31条2項各号のいずれかに適合するものでなくなったと認めるときは、当該認定を取り消さなければならない。
> 4　内閣総理大臣及び公正取引委員会は、公正競争規約の認定処分又は取消処分をしたときは、告示しなければならない（官報告示）。
> 5　私的独占の禁止及び公正取引の確保に関する法律（昭和22年法律第54号）第7条第1項及び第2項（同法第8条の2第2項及び第20条第2項において準用する場合を含む。）、第8条の2第1項及び第3項、第20条第1項、第70条の4第1項並びに第74条の規定は、第1項の認定を受けた協定又は規約及びこれらに基づいてする事業者又は事業者団体の行為には、適用しない。

独占禁止法7条1項の排除措置命令などの一定の措置に係る規定は、公正競争規約およびこれらに基づいてする事業者または事業者団体の行為には適用されない（3条5項）。業界における自主ルールも事業者等による共同行為といえ、事業者等による共同行為は、事

業者等の自由な事業活動の確保を目的とする独占禁止法上の問題を生じ得る。自主基準を事業者団体が構成事業者に強制することは、同法8条の問題が生じ得る。事業者団体が事実上の自主ルールを作成する場合には、構成事業者にその遵守の強制はできない。しかし、一般消費者による自主的かつ合理的な選択等の目的を有する自主ルールが単なる紳士協定では、その業界の表示の適正化等の実効性が確保できない。そこで、内閣総理大臣および公正取引委員会が法律の要件に該当するとして認定したことの効果として、独占禁止法7条1項などの一定の措置に係る規定は、公正競争規約およびこれらに基づいてする事業者または事業者団体の行為には適用されないこととし、規約違反に対する制裁等を定め、構成事業者に規約の遵守を強制しても、独占禁止法の問題が起こらないという安心感を与え、規約遵守の実効性を確保しようとしたものである。

　もちろん、適用除外とされるのは、「公正競争規約及びこれらに基づいてする事業者又は事業者団体の行為」であるから、公正競争規約と関係のない行為は、例えば、価格カルテルなどは、当然適用除外となることはない。仮に「公正競争規約及びこれらに基づいてする事業者又は事業者団体の行為」であって、独占禁止法の目的に反するような事態が生じた場合には、そもそもそのような公正競争規約は、「事業者間の公正な競争を確保するために適切なものである」（31条2項1号）との要件を欠くものであるから、内閣総理大臣および公正取引委員会は、その公正競争規約を取り消すことになるであろう。

　公正競争規約の設定・変更の認定に際しては、学識経験者、一般消費者等の意見を取り入れるため、必要に応じて表示連絡会やパブリックコメントを実施することがある。

　また、公正競争規約の認定を受けたからといって、参加事業者のすべての行為について、景品表示法の適用が除外されるわけではない。公正競争規約に参加している事業者であっても、景品表示法で禁止される不当表示に該当する行為を行えば、措置命令はなされ得

る。

　現時点で認定されている公正競争規約は 102 件（表示規約 65 件、景品規約 37 件）である。

6-3　公正競争規約の特徴

　景品表示法は、多種多様な商品または役務を規制の対象とする、いわば表示規制の一般法ともいえるものであり、汎用性をもった禁止規定となっているため、その内容は一般的・抽象的なものである。また、あくまで事業者が行う表示が不当表示等の要件に該当する場合に違反となるものであって、要件に該当しない限り、どのような表示を行うかは事業者の自由である。当然ながら、あらかじめ特定の事項の表示を事業者に義務付けることはできない。これに対し、公正競争規約は、自主ルールであることから、業界ごとの商品または役務の特性や取引の実態に即して、問題となる表示や景品類の提供を禁止することができるのみならず、一般消費者の商品選択において参考となる必要な表示事項等の表示を義務付けることも可能となっている。

［公正競争規約で規定している内容の具体例］
・　公正競争規約の対象となる商品または役務、事業者、表示、景品類について定義
・　必要表示事項（商品パッケージやチラシに必ず記載する事項）、特定事項の表示基準（商品または役務や業界に特有な用語等を使用する場合のルール）を設定
　・　食品表示法等、他の関係法令の規定との整合性の確保
　・　公正競争規約に従い適正な表示をしている商品の容器包装等に表示する公正マークや会員証の設定
・　規約違反に対する調査や措置（警告、違約金、除名等）

[図表6-1]　表示基準の例

規約	表示基準の例
不動産の表示に関する公正競争規約	不動産広告で「徒歩○分」と表示する場合には、80メートル／分を基準に算出
飲用乳の表示に関する公正競争規約	無脂乳固形分8.5%以上および乳脂肪分3.8%以上の飲用乳には「特濃」、「濃厚」等、乳成分が濃い旨の表示が可能
果実飲料等の表示に関する公正競争規約	果実から果汁のしずくが落ちている等の表示および果実のスライス等の表示は果汁100%（ジュース）のみ可能
ドレッシング類の表示に関する公正競争規約	こしょうまたはパプリカ（抽出物を含む）を使用したものに限り、「フレンチドレッシング」との表示が可能

[図表6-2]　公正マークの例

＜商品マーク＞　　　　＜店頭マーク（会員証）＞

6-4　公正競争規約の運用

　公正競争規約は、事業者団体である公正取引協議会等（2023年4月末日現在で77団体）が運用している。

●公正取引協議会等の活動内容

- ・　公正競争規約・景品表示法の普及・啓発
- ・　公正競争規約についての相談・指導
- ・　公正競争規約違反に関する調査・措置
- ・　表示に関する一般的な調査（試買検査会における実際の商品の表示の調査、店頭での表示の調査等）

- ・（一社）全国公正取引協議会連合会において、各公正取引協議会等の取組を支援

6-5　消費者庁設置以降の公正競争規約の新設案件

　消費者庁設置以降、下表のとおり、3件の公正競争規約の新設を認定している。

　この他、適宜、規約等の変更申請に対し、認定等を行っている。

[図表6-3]　公正競争規約の新設

規約名	新設の概要	認定日 (告示日)
仏壇の表示に関する公正競争規約	仏壇販売に関する一般消費者からの苦情が都道府県の消費生活センターや消費者庁などに寄せられており、仏壇業界における販売の適正化や表示基準の明確化が急務となっていたことから規約および施行規則の新設を行った	平成24年4月12日認定、承認 平成24年4月27日官報告示
特定保健用食品の表示に関する公正競争規約	国民の健康の維持増進に寄与することを目的とした特定保健用食品の広告表示について、消費者が正しく商品選択できる環境を整備するための表示の適正化を図るために規約および施行規則の新設を行った	令和2年6月9日認定、承認 令和2年6月24日官報告示
エキストラバージンオリーブオイルの表示に関する公正競争規約	エキストラバージンオリーブオイルについて、品質等の正しい情報を国内の消費者に正しく伝えるために、国際規格を反映した適切な表示ルールを確立するために規約および施行規則の新設を行った	令和5年2月17日認定、承認、令和5年3月22日官報告示

6-6　景品表示法に関する情報源

　景品表示法の内容、個別の措置命令、景品表示法に関するQ&A

など、景品表示法に関する情報は、消費者庁のウェブサイトにおいて、閲覧可能である。

　また、景品表示法の公正取引委員会所管時代の排除命令に関する審決、審決取消訴訟に対する判決等は、公正取引委員会のウェブサイト内の「審決等データベース」で閲覧可能である。

　景品表示法に関する判例の数は少ないが、一定の判例については、最高裁のウェブサイトでも閲覧可能である。

[図表6-4]　景品表示法に関する情報のウェブサイト

消費者庁のトップページ	https://www.caa.go.jp/
景品表示法に関する表示	https://www.caa.go.jp/policies/policy/representation/fair_labeling/
公正取引委員会「審決等データベース」	https://snk.jftc.go.jp/DC001
最高裁ウェブサイト	https://www.courts.go.jp/app/hanrei_jp/search1

はじめて学ぶ景品表示法

2023年8月10日　初版第1刷発行

編　著　者　　南　　　雅　晴

著　　　者　　水　上　　　啓

発　行　者　　石　川　雅　規

発　行　所　　^{株式}_{会社}商　事　法　務

〒103-0027 東京都中央区日本橋 3-6-2
TEL 03-6262-6756・FAX 03-6262-6804〔営業〕
TEL 03-6262-6769〔編集〕
https://www.shojihomu.co.jp/

落丁・乱丁本はお取り替えいたします。　　　　印刷／広研印刷㈱
© 2023 Masaharu Minami, Akira Mizukami　　Printed in Japan
Shojihomu Co., Ltd.
ISBN978-4-7857-3038-3
＊定価はカバーに表示してあります。

|JCOPY| ＜出版者著作権管理機構　委託出版物＞
本書の無断複製は著作権法上での例外を除き禁じられています。
複製される場合は、そのつど事前に、出版者著作権管理機構
（電話 03-5244-5088、FAX 03-5244-5089、e-mail: info@jcopy.or.jp）
の許諾を得てください。